U0648123

# 王蒙妙语录

王 蒙 著

温奉桥 刘敬文 编

人民出版社

# 出版说明

王蒙，一代文学大师，一位思想者，原文化部部长。

自 1953 年开始创作《青春万岁》至今，其文学生涯已经跨越了 66 个春秋。王蒙以他独特的人生经历、文学素养以及政治敏感力和社会责任感，创作了大量优秀的作品。这些作品，内容丰富，风格鲜明，题材和体裁多样，涉及文学、文化的各个门类。

他的作品寓意深刻，妙语横生，闪烁着智慧的光芒，蕴含着人生的哲理，体现着他对国家和社会、历史和现实的哲学体悟和人文情怀。这些话语，对于广大读者为人处世、提高自我修养有一定益处。我们请温奉桥等从《王蒙文存》等著作中将这些优美的语句摘录出来，以《王蒙妙语录》为名出版，以飨读者。

人民出版社

2019 年 9 月

# 目录

人生哲学

◎ 政治认识也许几个月就可以跃进，感情、趣味的改造就要花费很久的时间。

◎ 光明不是从天上掉下来的，也不是靠歌颂来保持和发展的。光明需要的是向往，追求，传播，斗争。文学是光明的。然而单单歌颂光明是远远不够的，而且打着歌颂光明的大旗的人本身未必一定光明。我们要向往光明，追求光明，传播光明，歌颂光明，我们要为光明而与黑暗斗争。

◎ 才只有与学结合起来才是有用之才，也才能成为大才。无学之才只能炫耀一时，终无大用，弄不好还会成为歪才、恶才、害人害己之才。凡是对自己的才沾沾自喜而不肯下苦功夫治学的人，决无大出息。没有变成学问的才华，最多不过是尚未开发的铁矿，究竟是富铁矿还是贫铁矿，究竟有没有开采价值，其实还是未知数哩！

◎ 有"有"便一定会有"无"，有赤橙黄绿便有透明，有酸甜苦辣便有水的无味，有婚姻便有离异、守寡、独身，"无"是"有"的一种形式。……"无"可以是对"有"的否定，也可以是对"有"的补充，还可以是对"有"的期待。

◎ 能量与愿望的积蓄是痛苦的，些许的发挥发泄与满足也绝不可能使生命真正地与长期地平静下来。

◎ 局限与超越，这不正是人生的痛苦、人生的真味、人生的色调吗？

◎ 是市场而不是计划更承认人的作用、人的主动性。

◎ 计划经济的悲剧恰恰在于它的伪人文精神，它的实质上唯意志论唯精神论的无效性。它实质上是用假想的"大写的人"的乌托邦来无视、抹杀人的欲望与要求。它无视真实的活人，却执着于所谓新型的大公无私的人。

◎ 我们的目标不是建立一个人人大公无私的"君子国"，而是建立一个人人靠正直的劳动与奋斗获得发展的机会的更加公平也更加有章可循的社会。

◎ 不能不问收获，但问耕耘。不问效用，但讲壮烈。只拉车，不看路。

◎ 媚俗当然不好，因为怕媚俗而处处做出不俗来……也显得不自然，有些扭怩作态，容易倒牙。

◎ 人应该本色，有多少俗就是多少俗，绝对无俗不甚可能，做出不食人间烟火的样子难免矫情。如果不是别有用心，就不要怕暴露自己的真相。媚雅媚上媚洋媚古媚书媚学媚口号媚帽子都不足取。

◎ 世界上没有绝对的新与绝对的旧。旧是新的昨天，旧是新的母亲。新是旧的分裂、旧的胎儿、旧的否定与旧的未来。只有熟悉历史的人才能熟悉当今。

◎ 俗人并不可怕，俗并不可怕，可怕的是用俗来剪裁一切排斥一切高尚高雅，或者使世俗向低俗再向恶俗方面发展。

◎ 用艺术的与自然的美丽来补充一下抚慰一下自己的平凡的日子与难免有时感到寂寞的灵魂吧。

◎ 逆境是顺境的准备，顺境是逆境的铺垫。

◎ 或有波澜合朔望，应无血气逐浮沉。

◎ 一时的顺利未必可喜，一时的挫折未必可悲，顺境云云，不在于得势与否得利于否，而在于是否符合大道，符合事物的发展规律，是否符合光明与智慧的选择标准。

◎ 在任何情况下都要保持一点风度。风度对于人也是重要的，风度是全部内涵的外化，风度不是做出来的。

◎ 愈是逆境之下，愈要控制自己不要激动，不要发火，不要过度悲伤，不要过度反应。

◎ 任何一个人的情感都不是单一的与单向度的，悲哀之中应该会有一种与之抗衡的提醒自己要挺得住的坚强，失望之中会有一种不甘心的再来一次的顽强，至少会有一种满不在乎的潇洒豁达，愤怒之中会有一种且咬紧牙关的自信，险恶之中除了恐惧也会有一种战而胜之克而服之的决心。

◎ 无论如何我们可以力争以清明的理性驾御自己的感情。

◎ 有所不为还是无所不为，这大体上是好人与恶人的界限。

◎ 善于等待的人是聪明的人，也是真正有信心有能力有头脑有见解的人。

◎ 小小不言的挫折不存盘。

◎ 挫折是不可避免的，不挫折在这里就挫折在那里。

◎ 三人行必有吾师，而绝非三人行必有吾仇。

◎ 有所不为，有所不争，有所不言，有所不问。

◎ 人都会有自己的机遇也会有自己的挫折，有自己的无常也会有自己的有常，有自己的顺风也会有自己的厄运。

◎ 大道无术是行云流水，行于所当行，止于所不可不止，出乎心，发乎情，言则诚，行则真，笑则笑，哭则哭，长则长，消则消，坦坦荡荡，实实在在，宠辱无惊，成败无虑，得失听之，毁誉任之，知错必改，知不错必不改，为可为，不为不可为，为与不为，言与不言，改与不改，皆自然有道，不特别使力，不特别声明，不特别辩解，不特别饶舌，举重若轻，临危若盈，一笑置之，一言蔽之，无言胜过有言，此时无声胜有声。

◎ 人有时候需要等待，有时候需要忍耐，有时候需要为顾全大局而保持沉默，有时候一时看不清楚需要再看一看。

◎ 人不能按照自己的意愿去做也不要相信那些大言不惭，声称一切了如指掌，同时自己不做什么，却专门要求别人冲呀冲，要求别人多多早早去做烈士，责备别人为什么经历了严峻和不正常却能活下来的人。

◎ 我们不相信轻易的胜利，也不必相信轻易的失败。

◎ 人生即燃烧。

◎ 生命由于它的短暂和不可逆性、一次性而弥足珍贵而神奇而美丽。

◎ 一个人丢了一百块钱人民币都会心痛，那么丢失了生命中的有所作为的可能，不是更心痛吗？

◎ 一个人就是一个能源，人的一生就是燃烧，就是能量的充分释放。

◎ 生就是生命的一次燃烧，它可能发出美轮美奂的光彩，可能发出巨大的热能，温暖无数人的心，它也可能光热有限，却也有一分热发一分光发一分电，哪怕只是点亮一两个灯泡，也还照亮了自己的与邻居的房屋，燃烧充分，不留遗憾。

◎ 活一辈子，连正经的痛苦也没经历过岂不是白活一回？岂不是枉走人间？

◎ 人生最缺少的是什么？是时间，是经验，是学问，更是一种比较纯净的心情。

◎ 世上有许多事，心中有数是可以的，锱铢必较却是不可取的。

◎ 有多少人通过毕生的努力做到了会说什么，却做不到会不说什么及不会说什么；做到了会说得精彩，却做不到不说得精彩；做到了甚至超过了该说的要说，却没有做到不该说的不说。

◎ 我常常不抱非分的期望，所以也很少过于悲观绝望。

◎ 世界上绝对不是只有黑白两种颜色。

◎ 要学会面对真正的大千世界而不是只"面对"被某种意图或者理论过滤过改绘过的简明挂图。

◎ 世间的诸故事中，没有比瞎子摸象的比喻更深刻更普遍更给人以教益的了。

◎ 最好是党同喜异，党同学异。可以老王卖瓜自卖自夸，不要王麻子剪刀别无分号。提倡多元互补，不要动不动搞你死我活。

◎ 先弄清真相再做出价值判断，这是最根本的原则。先做出价值判断再去过问真相，乃至永不去过问真相，这是聪明的白痴的突出标志。

◎ 我得益于辩证法良多，包括老庄的辩证法，黑格尔的辩证法，革命导师的辩证法。我更得益于生活本身的辩证法的启迪。

◎ 道德与智慧境界愈高，就愈能做愈要做那些有利于自己的与别人的身心健康的事情，而不去做那些害人害己折腾人折腾己的事情。

◎ 恶是一种病态。

◎ 凶恶是无所不为的，凶恶因而拥有各种各样的武器。而善良是有所不为的，善良的武器比凶恶少得多。善良常常败在凶恶手下。

◎ 善良的力量就在于它是人的。它属于人，它属于历史属于文明属于理性属于科学。它属于更文明更高尚更发展得良好的人。它属于更文明更民主更发展更富强的社会。

◎ 善良也是一种智慧，是一种远见，是一种自信，是一种精神力量，是一种精神的平安，是一种以逸待劳的沉稳，是一种文化，是一种快乐，是一种乐观。

◎ 小孩子是善良的，真正参透了人生与世界的强大的人也是善良的，而一瓶子不满半瓶子晃荡的人最不善良。

◎ 自己丰富才能感知世界的丰富，狭隘与偏执者的世界则只是一个永远钻不出去的穴洞。

◎ 不要以为有了这个就会有那个。不要以为有了名声就有了信誉。不要以为有了成就就有了幸福。不要以为有了权力就有了威望。不要以为这件事做好了下一件事也一定做得好。

◎ 一个成功可以带来一连串成功，也可以因你的狂妄恣肆而大败特败。

◎ 安详属于强者，骄躁流露幼稚。安详属于智者，气急败坏显得可笑。安详属于信心，大吵大闹暴露了其实没有多少底气。

◎ 安详方能静观。

◎ 消灭掉一个人的快乐比挖掘掉一棵大树的根要难得多。

◎ 我们承认不圆满的现实，所以我们要努力创造好一些，更好一些的人生。好的人生不可能是一潭清水。

◎ 理想主义是不能没有的。没有一点理想我们就成了蛆虫成了猪。但是对于天堂的理想也可以把人们驱赶到地狱里。

◎ 没有爱的人生是沙漠里的人生。

◎ 生存就是烦恼。

◎ 对于绝无烦恼的世界与生存的渴望，恰恰成为深重的烦恼的根源。

◎ 一个人越是掩饰自己的忌妒，就越容易被别人觉察出来。忌妒是弱者的激情。

◎ 多好的事也有过去的时候，多坏的事也有过去的时候。

◎ "富贵闲人"既是对人生的浪费、人性的异化，又是对人生的尽情体味，尽情咀嚼，是人性的某种自由发展。

◎ "上帝"把人造出来之后，人想要做的是享福，实际做的却是厮斗。

◎ 命运的吸引力就在于它的不可预知性。

◎ 生活原来应该是勇敢的飞翔，每个人都应该生出坚强有力的翅膀。

◎ 幽默应该是一种生活的智慧，对生活的洞察。

◎ 幽默感就是智力的优越感。

◎ 通过幽默，既表达了人们的愿望，又表达了一种宽容。这是一种身心都比较健康的态度。

◎ 我的态度叫党同喜异、党同好异。

◎ 我不希望今天审判昨天，因为今天审判昨天的结果，常常形成明天审判今天，于是便不断地审判、不断地转弯子。

◎ 从道德的角度来看，礼与诚即讲礼貌与讲真实应该是一对互相约束的矛盾统一。礼不可虚伪，真诚不可无礼。

◎ 权势与利益好像迷魂药，吃了就不要想醒。

◎ 希望在物的世界中为自己寻找到对应体，希望在物的世界、大自然中寻找到另一个自我，这也是一种人类的共同心理。

◎ 人珍重自己的灵性，又羡慕物的坚固与永恒。

◎ 人希望在自然中找到自己的对应，在这个对应物中体现出大自然的坚固与永恒。由此产生了人类的许多遐想——包括文学、哲学和宗教观念。

◎ 激情赋予了美，赋予了特色。激情更赋予了自由。

◎ 人是能够善良而且应该善良的。不是你吃掉我便是我吃掉你的哲学是豺狼的哲学而不是人的哲学。

◎ 用健忘和鼓励健忘的办法，用劝阻乃至禁止沉思的办法，是不可能真正向前的，弄不好，还要走弯路、走回头路的！

◎ 有绚丽和火热的地方就一定有苍白和冰凉。

◎ 人是自然的儿子，是宠儿也是逆子。

◎ 神经衰弱的人、头脑简单的人、过分天真的人、过分拔尖拔份的人、过分自我即过分自信的人……往往无法承受历史的拷问与历史的戏弄、变迁的激动与变迁的迷茫、前进的艰苦与前进的代价。

◎ 世上的事儿，真是说行就行，说变就变，一切没有希望的事都可能是有希望的，而一切有希望的事，也可能是没有希望的呀。

◎ 懂得上一代人的不幸的下一代人才真正幸运。

◎ 时间自己是不爱说话的。

◎ 好了伤疤忘了疼，也许这正是人类得以存活下来的根由。如果一次受伤一辈子不忘，人类或者早就因为不堪疼痛的重负而灭绝了。

◎ 耐心高于智慧，耐心重于道德，耐心战胜了而且必将继续战胜任何的对手。

◎ 一切决定于时机，时候到了石头里也会孵出小鸟，时候不到火焰里也照样透心冰凉。

◎ 秋风就兴起于盛暑之中，却原来在暑热得令人透不过气来的时候，也就是秋天悄悄来到的时候。

◎ 如果说生活是无始无终、滔滔不绝、时聚时分的一条河流，我们每一个人就像河上的一叶扁舟。肉体是我们的船身，意志是我们的马达，而判断，那就是舵了。命运呢？那时而驯顺温柔、时而狂暴凶恶、时而庄重有定、时而荒唐无稽的命运呢，不正是那时而湍急、时而平稳、时而一泻千里、时而盘旋无路的河水本身吗？

◎ 人的存在是需要证明的，人生需要见证。无法被证明的人生和存在，其真实性是可疑的，其价值是可疑的。那是一种无法忍受的不幸。每个人生活在自己的神圣的 privacy 里，你无法为你的生存，为你的焦虑、劳作、痛苦、欲望和爱情（不仅仅是对异性）的意义获得任何证明。

◎ 至味无言，至理无文，至情无歌，至性无心。

◎ 过程就是一切。人生就是生与死之间的一个过程。

◎ 生活是波澜壮阔的。惊涛骇浪，九曲连环，沉渣泛起，大江东去，有时候一泻千里，有时候辗转盘旋，有时候卷起千堆雪，有时候一平如镜……这才是生活！酸甜苦咸辣，这才是五味俱全的人生。生活不仅是纯法温柔的往日情歌，生活更是千姿百态的未完成的交响乐。

◎ 没有拒绝也就没有侵入。没有追求也就没有挫败。没有占有也就没有丢失。没有防御也就没有退却。

没有处心积虑也就没有败坏气急。

◎ 人生　伟大的梦　梦　醇厚的人生

◎ 无梦　无人生　有梦　无人生　有人生　无梦　无人生却有　永远的梦么

◎ 大文学家、大艺术家、大政治家、大革命家、大军事家，都有一种严肃的生活态度。声色犬马，最后成大器的也有，文学家里也有，但很少。相反，夙夜匪懈，孜孜以求的多。

◎ 人生在某种意义上，不就是一个体验的过程吗？

◎ 对生活的厌恶也是生活的一种味道。

◎ 生活正像长江大河，被阻挡以后它可能多拐几个弯，但始终在流动、在前进，归根到底它是不可阻挡的。

◎ 人类的理性活动和逻辑推理活动充满着灵感、诗情和智慧的喜悦。

◎ 历史扮演着人，人表演着历史。

◎ 并非完全决定于机缘，又常常表现为机缘。

◎ 偶然是历史的灵感，泰然是人的灵感。

◎ 庸俗是马蝇，叮住了生活的骏马，于是它也飞速前进了。

◎ 挨整时心平气和，抬举了如坐针毡。

◎ 冷者无情，热者无功。

◎ 经验和智慧使人轻松，正义和心灵使人感伤。

◎ 人是一代又一代地走过来的，一代又一代地幼稚过来愚蠢过来又聪明过来成熟过来的。如果一上来人们就和后来一样聪明，那就不会有革命，不会有爱情，不会有文学，不会有——例如足球比赛了。……我们不能指望人们一出生就能体验到弥留时候的痛苦或者超越。我们不具有批评一个孩子的不成熟的权利。

◎ 谁也不要拿自己当标尺去衡量乃至剪裁旁人。

◎ 在"上帝"所创造的一切当中，最核心的是人。

◎ 痛苦是永远的追求，是永远的焦渴，是创造的火焰。

◎ 痛苦是灵魂的焦渴，是对劳动和友谊的呼唤。是直至海枯石烂不能解脱的爱情。

◎ 痛苦是天真和赤诚，是百折不挠的理想和毅力，是永远的不自满。

◎ 痛苦是一次接一次的失败，一个接一个的创伤。痛苦是鲜红的伤口、血、神经、咬紧的牙关、前额上的汗。

◎ 痛苦是牺牲的决心，痛苦是献身的庄严。

◎ 痛苦孕育着希望、新生、新的高峰、光明。

◎ 真正懂得痛苦的人脸上呈现着端庄的笑容。叫苦连天的人只有怯懦和牢骚，却没有痛苦。

◎ 痛苦是热情，痛苦是燃烧。当木柴燃烧的时候，它承受着焦灼煎熬的痛苦，它流出黑色的泪水，它献出金色的火焰的欢腾。

◎ 神秘就是差异，就是不等式。

◎ 神秘是永远的不自由。更反衬出帮助人们进入自由王国的科学、知识、技术、经验的可贵。

◎ 神秘当然不是糊涂，也不是迷信。神秘不过是面向超越地平线的地方投去的一瞥。这一瞥不是从漆黑的夜投向夜的漆黑，而是寻找着、感知着拂晓时分的万里霞光。

◎ 好像是儿童的眼光。好像是初恋的心绪。好像刚刚下过了一场洗涤世界与洗涤魂灵的雨。好像突然打开了封闭多年、浑沌沉闷的窗户。好像清冽的山泉汩汩流过。好像早晨深深地吸进的第一口空气。

◎ 清新就是爱，就是兴致勃勃，就是生命的永远的发展与更新的活力。清新使一切司空见惯的事物那样生机盎然，美丽新奇。

◎ 自然就是朴素，自然就是明白，自然就是单纯，自然就是真功夫。

◎ 自然就是真情，自然就是了然于心，得心应手。

◎ 快乐有意义，悲哀也有意义。

◎ 喜是悲的升华，是悲的超度，是悲的极致。而悲，是喜的核心。

◎ 生死亦大矣。生死亦悲矣。生死亦喜矣。

◎ 喜是额头的慧眼，喜是洞穿的预见，喜是对世界的把握与完成。

◎ 幽默是成人的智慧，与悲愤的孩子无关，与自以为是的师爷无关，与只会做小葱拌豆腐的五级厨师无关，与以拯救为己任的这功那功无关。

◎ 笑也是一种生命力。

◎ 人常常是在不由自主的情况下，不了解前因后果的条件下被历史放置在一次性的选择机会的难点上的。

◎ 话是一种有魅力的东西，说得多了不但能说动别人，也能说动自己。

◎ 高调常常是颠覆的武器而不是建设的武器。

◎ 只有那些不但知道自己知道什么而且知道自己不知道什么的人才有起码的知识。

◎ 有时候吹的肥皂泡愈大愈五颜六色愈是接近于噗的一下破灭。

◎ 一枚硬币有正反两面，世上的事莫不如此。

◎ 宰相肚里撑得下船，这当然不是一个技术问题，靠技术是扩展不了胸怀的容积的。容积问题，是一种智慧（能不能看得更透，能不能有自知之明等），是一种修养（所谓读书深处意气平，所谓耳顺与从心所欲，不逾矩），更是一种品格（所谓小溪最喧闹，所谓有容乃大）。

◎ 自圣的结果往往使一个当初蛮有趣味的人变得干瘪乏味不近人情还动不动怒气冲冲苦大仇深起来。

◎ 我们不是虫蚁，我们是人，而"人"是应该大写的，应该是健壮的、崇高的、能干的人。

◎ 只有真实的东西才是自然而然的，也只有自然而然的东西才是真实的，友谊、热情、欢乐，一切美好的事物莫不如此。

◎ 最容易的东西都是最难的，因为在最容易的事物里技术是不占重要地位的，便没有作假作态的余地。你的人格、经验、思考要接受的是最直接切近的考验。

◎ 世界不像有些人想的那样好，那样完美，但也不像有些人想的那样全无是处。它的不完美说不定正是进步和发展的契机呢。

◎ 天本无所谓涯，地本无所谓角。

思本无所谓涯，情本无所谓角。

是故涯本无形，角本无影。

而生也有涯，虑也有角。命也有涯，运也多角。

◎ 目光，世界上没有比目光更有力量而又更费解的了。

◎ 目光比人还难作假。

◎ 自欺欺人也是一种需要，一种必然。不仅鱼肉人民的剥削者和压迫者离不了瞒和骗，而且一切弱者、苟活者、愚昧者，为了维持精神的平衡，为了能麻木地偷生下去，也急需一种怯懦和愚蠢的哲学。

◎ 成功的路是充满失败的路。问题并不在于"失败是成功之母"，问题在于，失败又失败之后并非即是成功，也并非最后总归是成功。有时候，失败又失败之后依然是失败。

◎ 最最渴望成功的时候往往最难得到成功。对成功的渴望往往会成为妨碍成功的一大思想负担，或者时髦一点说，一大"心理障碍"。

◎ 不要相信天花乱坠的大话。凡把纷繁复杂的难题分析得一清二白如数家珍者，凡嘲笑世人皆无常识、只要按他说的办就可势如破竹迎刃而解者，凡一张口便给你极高妙美好的应许者，皆不可轻信。

◎ 现实主义的小说，倾向愈隐蔽愈好，其实为人也未尝不如此。一个频频发表声明的人，容易使人觉得他心虚。就像一个人饮酒愈是过量，愈喜欢声称自己没有醉一样，有些人意识到或半意识到自己的某种弱点，就要有意无意地用吹牛加以弥补。

◎ 不战而胜并不是真不战，而是已经努力做到了、强大到了、积累到了并从而自信到了这种程度，使你不须战、不屑战、不待战，便已经胜了。

◎ 大智无谋，是因为小的谋略只能是小聪明，乃至于只是狡猾的同义语。

◎ 大智，是一种对于客观规律的掌握，是一种镇定、信心和对于小智小谋的超脱。

◎ 大德无名，是因为大德与一切票房价值、哗众取宠、大吹大擂或自吹自擂无关。大德在于并不自以为是在树典立德，而只是自自然然地做应该做的恰恰也是最愿意做的事。大勇无功也是一样，不露痕迹，不为人知，不是"花架子"。

◎ 愈是封闭就愈造就一种如饥似渴的好奇心，一种轻信，一种见夹生饭而狼吞虎咽的习惯，一种动不动就热起来的"易热性"，一种尝到禁果便飘飘然的轻浮，一种视群众如草芥的自大狂。

◎ 愈是开放人们愈容易见怪不怪，姑妄听之，半信半疑，我行我素，热了的东西很快变冷，时新的东西很快过时，人们愈来愈吝惜鼓掌与喝彩。

◎ 对急于表现自己的轻薄者，迟钝未始不是一种美德。

◎ 从形式逻辑上看，证明别人错误并不等于获得了证明自己正确的充分或必要的条件，证明别人愚蠢并不等于能证明自己聪明，证明别人幼稚并不等于能证明自己成熟，证明别人虚妄并不等于证明自己实在，证明别人过时也不等于证明自己如日之初升。

◎ 起哄者的特点一般是，独自一人时缺乏勇气、缺乏主见、缺乏自信，常常倾向于奴颜婢膝。人一多，你一句我一句，逞英雄、长行市，争强好胜乃至发泄多余"力必多"的下意识就要冲淡排挤理性，就会迅速膨胀起来。

◎ 起哄本身，可以是盲从，可以是游戏，可以是讨好，可以是破坏，可以是逞能，可以是浑水摸鱼，也可以哄着哄着弄假成真。

◎ 起哄有一个"好处"，热得快凉得也快，上得快下得也快。

◎ 起哄最大坏处是，起哄的结果是，把一切好事变成坏事，把一切坏事变成灾难，最后是一塌糊涂，好事坏事一起完蛋。

◎ 高兴，这是一种具体的、被看得到摸得着的事物所唤起的情绪，它是心理的，更是生理的，它容易来也容易去，谁也不应该对它视而不见、失之交臂，谁也不应该总是做那些使自己不高兴也使旁人不高兴的事。让我们说一件最容易做也最令人高兴的事吧，尊重你自己，也尊重别人，这是每个人的权利，我还要说这是每个人的义务。

◎ 欢欣，这是一种青春的、诗意的情感，它来自面向未来伸开双臂奔跑的冲力，它来自一种轻松而又神

秘、朦胧而又弥漫的隐秘的激动，它是激情即将到来的
预兆，又是大雨以后比下雨还要美妙得多也久远得多的
回味……

◎ 虚妄的欲望与追求只能带来一己的痛苦。

◎ 任何一个小小的不快都会引起一连串的不快来。
从这个意义上说，任何人的不快其实都是一种过滤性流
行感冒病毒。那么，做一些让别人减少不快活的傻事，
也就是理应的了。

◎ 故事就是往事，故旧之事；故事又是事故，事
件，生活过程当中的花式子，是一种饶有趣味的话题，
是对于平凡的世界枯燥的人生狭隘的经历的一点小小的
补充和安慰，是茶馆酒肆里的说话人与近、现代的一些
一无所长一无所成而又胡思乱想花言巧语牢骚满腹自命
不凡的叫做"作家"的倒霉蛋们编出来骗人骗钱的不可
当真的话语。

◎ 庸俗常常显得强大而且透彻，老到而且深入，自信而且从容。由于它更加接近真实，所以它最终使你折服，使你屈膝，使无数高尚败在它手下。不经过庸俗和粗鄙乃至于丑恶的洗礼，高尚和清洁就只能是乳臭未干的智能发育不全，是智力上的小儿麻痹后遗症。

◎ 生活是一个多么偏颇的考官，他出题和判分的时候永远偏向着庸俗而克扣着剥夺着高尚。

◎ 人生是一个残酷的捉弄：你越是看重爱情，你就越得不到爱情。你越是看重荣誉，你将得不到荣誉。你越是看重文学和艺术，文学和艺术离你也就越远。你越是看重良心，你越是受到丧尽天良的人的欺骗。渴望成功的人只能得到失败，渴望健康的人只能得到病夭。渴望幸福的人最痛苦，渴望伴侣的人最孤独。真正成功的人对自己的成就不以为意，真正光荣的人对自己的荣誉视如无物。与自己的伴侣终生相处的人只会挑剔埋怨对方。

◎ 人生好像一只船，世界好像大海。人自身好像是驾船的舵手，历史的倾斜与时代的选择好像时而变化着走向的水流与或大或小的风。

◎ 人生又像是一条水流，历史就像是融合了许多许多水流的大江。你无法离开大江，但你又发现大江里布满了礁石，江上或有狂风，江水流着流着会出现急剧的转弯、急剧的下降和攀升，以及歧路和迷宫。

◎ 人生像是一条长路，也许在它快要结束的时候你又发现它其实是那么短。

◎ 有时你又觉得人生像是一个摸彩的游戏，别人常常是幸运者，他们摸到了天生超常的禀赋与资质、优越的家庭背景、天上掉下来的机会以及来自四面八方的援助之手，而你摸到的可能只是才质平庸或怀才不遇、零起点、误解、冤屈和来自四面八方的嫉妒、打击乃至于阴谋和陷害。

◎ 成就有大小，际遇有顺逆，但能不能生活得更坦然、更清爽、更光明、更健康也更快乐一点？只要一点。

◎ 让智慧和光明，让光明的智慧与智慧的光明永远陪伴着人的生活吧。

◎ 智慧有一种自信，有一种雄心，有一种光明。

◎ 智慧是一种美，智慧的品格是清明，是从容，是犀利，是周到，是轻松——举重若轻；又是严肃，是用心，是含蓄，是谦逊，是永远的微笑，是无言的矜持，是君临的自信，是白云的舒适与秋水的澄静，是绝对的不可战胜、不可屈服。学识也是一种美，学识是高山，是大海，是天空和大地，是包容，是鲲鹏和参天的大树，是弥漫无边的风，是青草和花朵，是永远的郁郁葱葱，是永远唱不完的歌。

◎ 世界上有一种最不正派也是最终要倒霉的人，

以向某某的对立面宣战来表达自己对于某某的效忠。

◎ 任何机敏和智慧都在反衬着愚蠢和蛮横；任何好心好意都在客观上揭露着为难着心怀叵测；而任何大公无私都好像是故意出小肚鸡肠的人的洋相。

◎ 无为，不是什么事也不做，而是不做那些愚蠢的、无效的、无益的、无意义的，乃至无趣无聊，而且有害有伤有损有愧的事。

◎ 无为就是力戒虚妄，力戒焦虑，力戒急躁，力戒脱离客观规律、客观实际，也力戒形式主义。无为就是把有限的精力时间节省下来，才可能做一点事，也就是——有为。有所不为才能有所为，无为方可与之语献身。

◎ 无为是效率原则、事务原则、节约原则，无为是有为的第一前提条件。无为又是养生原则、快乐原则，只有无为才能不自寻烦恼。无为更是道德原则，道德的要义在于有所不为而不是无所不为，这样，才能使自己脱离开低级趣味，脱离开鸡毛蒜皮，尤其是脱离开蝇营狗苟。

◎ 人这一辈子最容易犯的错误有两条，一曰以己贬人，二曰以己度人。第一条就是过高估计了自己，而过低估计了旁人。第二条以为自己的好恶就必然是别人的好恶，自己的标准就是别人的标准。

◎ 人生最重要的是知道"不做什么"。

◎ 让我们冷眼看看世界，出丑的人往往不是消极退缩的人而是轻举妄动的人，人的出丑与其说是由于无知少知不如说是由于强不知以为知，危害人群的人与其说是谨小慎微的人不如说是大言欺世的人，坏人蠢人常常是自我感觉过分良好的人而不是缺少信心的人。

◎ 天才即集中时间、集中精力。

◎ 价值是多样的，奋斗方向是多彩多姿的，道路是各有千秋的，成就是不拘一格的，幸福是各立标准的，但是坏事是不能干的。有意义有价值的人生是多种多样的没有定则的，而无意义的罪恶的人生却是要毫不含糊地警惕与拒绝的。

◎ 人生的价值并不是绝对地一元的，毋宁说是多元的。

◎ 人生的价值是有几把尺度的，不可强求一律，不可以己之尺去量度与自己追求不同的人，不可只看到事物的一面而看不到另一面。

◎ 价值是一种理想，是一个标准，价值又必须根据现实而扩充而调整而发展，还要通过一定的作为创造价值的存在依据和实现价值的可能性。

◎ 善良与爱心便是一个健全的人格的重要表现。

◎ 大境界不搞小争斗。

◎ 小乐趣是指不拒绝小事情，并从中感受到人生的快乐。快乐也是价值。

◎ 快乐在生活的具体而微小的各种事项与过程之中，于为达到目标而走过的全过程。

◎ 珍惜你的有生之年的每一天、每一刻、每一事，每一次说话的机会、工作的机会、流汗的机会。

◎ 嫉妒基本上是一种弱者的心理，只有自己跑不快的人才盼望别人犯规罚下或者跌跤倒地。自己没有本事挣钱的人才把希望寄托在别人丢钱包上。

◎ 嫉妒是万恶之源。

◎ 人们会宁愿去接近一个不设防从而暴露出不少弱点的人，而不愿意去轻信一个由于步步为营、城府森严、装模作样、摆臭架子，从而没有暴露任何问题，也没有表现过任何真情实感的人。

◎ 人生中有一种奇异的平衡，好事和坏事，知遇和误解，冤屈和运气，好人和恶棍（你所碰到的），常常是基本平衡的。

◎ 谈人生首先要谈人的维持生存，一切为维持生存而做的劳动、工作、奋斗都是正当的，是不应该回避和无视的。相反，一个人从来不为生存而操心操劳，从生下来就是吃着现成饭，穿着现成衣，住着现成房，然后吃饱了喝足了为人生的终极意义而发表高论——这样的高论恐怕是靠不住的，至少是极特殊的没有多少普遍意义的。

◎ 从来不与恶打交道是不可能的，不在恶面前垮台自杀也不变得那么恶却是必需的与有用的。

◎ 越是不明白的人越是火冒三丈，越是糊涂的人越是不可一世，越是幼稚的人越是不容分说，他们对于明白人，能够做到了悟的人有一种本能的仇视。

◎ 切不可逞一时的意气，摆一副一贯正确的霸王架子，其后果很可能是鸡飞蛋打，一事无成，孤家寡人，向隅而泣。

◎ 不要动辄以鲁迅自命，自以为如何地不被理解，如何地需要横站，如何地至死对某些人也不能原谅。这样的悲壮不但不利于身心健康，也不利于客观地公正地对待不同的声音不同的意见，弄不好还有点像闹剧。

◎ 叱咤风云易，循序渐进难；开场红火易，结尾周全难。看人毛病易，看己毛病难；有知人之明已属不易，有自知之明则更是难上加难。

◎ 有心取胜难得胜，无意成功自有功。

◎ 希望从与旁人的相处中得到一切好处的人更应

该想想自己可以为旁人做些什么。

◎ 人生有许多快乐，首先是做好事最快乐，理解旁人与原谅旁人最快乐。

◎ 不同的人会在同类的境遇中持有不同的人生态度，这正是许多人境遇相同而命运不相同的根本原因所在。

◎ 一切变迁都是有付出有代价的，一帆风顺迹近于活见鬼。

◎ 一个人的经历也和一个国家一个团体一家公司一样，你做的好事与坏事之间有一种贷方与借方的平衡关系。

◎ 保持适度的超脱，保持一点观察的距离，保持非常情绪化与非个人利益化的客观与全面，这些都有助于保持清醒。拒绝造势，拒绝连蒙带唬带恐吓，拒绝用人多势众代替思考和检验。

◎ 一张快乐善良的面孔会唤醒与换来无数旁人的快乐与善良，而一双恶狠狠的狼眼，必然会引起警惕与躲避。

◎ 有见识有悟性的人士就能在变化中力争主动，在变化之前或之初看到变化的端倪，居安思危，未雨绸缪，处变不惊，临危不惧。而在恶劣的处境下，也能登高望远，看到转机，看到希望，有所准备，不失时机地转败为胜，扭转乾坤。

◎ 你有了与人为善的大道，有了对自身的切实估量，有了对人对己的本性与弱点的理解，有了对于理念与现实的通观，有了应有的畏惧与无畏，献身与超拔，执着与宽宏，慈悲与决绝，坚持与调整……而最重要的是修辞立其诚，做人立其诚，那么对于各种复杂的情况多半都会应付裕如，无往不利，越是把人放松，越是各方面恰到好处，越靶靶十环步步到位。

◎ 一个人的成就有大有小，然而你应该尽力。尽力尽情尽兴尽一切可能了，这就是黄金时代，这就是人生的滋味，这就是人生的意义价值，这就是辉煌，燃烧的辉煌，奉献的辉煌。

◎ 胜固可喜，败亦犹荣，只要尽了力，结账时候的败者，流出的眼泪也是滚烫的与有分量的。而没有尽力，蹉跎而过，那可真是欲哭无泪了！

◎ 不怕暴露自己的缺点，乃至于敢于自嘲，意味着清醒更意味着自信，意味着活泼更意味着真诚。

◎ 越是有特点，就越容易失去了自身，而只剩下了特点。

◎ 也许胜利就是失落或者更加失落吧。

◎ 在没有外敌、内敌和假想敌折腾人的时候，人一定要自己折腾自己。

◎ 红花还需绿叶扶，大花还需小花小草配。世间又有什么事情不是这个样子呢？

◎ 跌倒，算什么，我们骨头硬！

◎ 生活是怎么样就是怎么样，而不是"应该"怎么样。人，生为万物之灵，生活于天地之间，栖息于日月之下，固然免不了外部与内部的种种困扰。但是也必须有闲暇恬淡，自在逍遥的快乐。

◎ 只有合乎理性的幸福，才是真正的和巩固的。

◎ 做人要尽量做到自己无死地。什么是"无死地"呢？就是尽量做到自己不漏空子，你自己能够做到没有软腹部，你没有见不得人的事情，你无懈可击。

◎ 知识本身就是一种光明，一种提升和丰富，一种美，一种善。我觉得正是知识里充满了人文的精神，而无知才是扼杀人文精神的。

◎ 新的事物是最有生命力的、最有前途的，也不可免地有许多弱点和困难。

◎ 对于青春，没有比革命和爱情更富有魅力的了。

◎ 时间的流逝使人长大，长大却也意味着青春的失落，意味着青春时代的好友的各自东西。

◎ 即使在最艰苦的情况下，青春仍然是美好的，仍然是充满希望。

◎ 怕长大，怕离散，怕感情的淡泊与青年友伴的陌生化，这其实是一种很有代表性的"青春情结"。

◎ 有了青春可以有一切，也可以还缺少很多。

◎ 年轻的人，正当年华的人，充满青春活力的革命的人，简直是泡在幸福的海洋里，行进在幸福的山谷中，只需要你去拥抱，你去迎接，你去张开双臂深深地呼吸，幸福就像泥石流，幸福就像瀑布一样，横天而泻，滚滚而来，大珠小珠，美不胜收……

◎ 青春、革命、爱情，这三样东西加在一起还能不点燃全部世界与全部生命？这三样是怎样的相得益彰！青春需要革命，革命是青春的酒和盐，不革命青春就黯然失色，不革命青春就算不上青春。而革命的冲动不正是与爱情的冲动一样，生发自青春的红血球吗？青春是革命的油田、革命的源头，爱情与革命不正是青春的大潮，不正是春潮的胜利泛滥冲刷、冲决一切桎梏和罗网的野性么？谁能不为这美丽的春潮倾心？谁能不为这熊熊的革命烈火燃烧？除非你是彻骨的冷血！让革命的青年男女永远紧紧地拥抱在一起！革命就是对于生命和美、青春和力量的狂吻！

◎ 有时候光阴悄悄地走过，像偷儿一样地没有声音，待你察觉，他已去远，他偷走了你最无价的宝物——青春、力量和缤纷的幻想……

◎ 你忽略了时间，时间也忽略了你。

◎ 年龄充实我们还是剥夺我们？那在于我们自己。

◎ 保持青年人的理想、热情、献身精神和友谊，是一件至关重要的事情。

◎ 美好的记忆也是难得的财富。

◎ 与其抱怨生活单调与同学之间缺乏真诚的友谊，不如从自己做起，用自己的全面发展来充实自己的青春，用自己的友爱去温暖同龄人的心。

◎ 任何正派人都不应该嘲笑儿童，任何善良的人都会珍爱自己的童年。

◎ 青春需要文学的光彩、文学的抚慰与鼓舞、文学的启迪与丰富。

◎ 文学需要青春的活力和热情、青春的率真与勇气。

◎ 对一个人来说青春只有一次，不论赶上什么年月都是珍贵的。

◎ 我们不能把当初的那点理想当成一把剪刀来剪裁现实，更不能用它来剪裁旁人。

◎ 怀念五十年代的生活种种对于我们这个年纪的人确实是一件美好的事情。摧枯拉朽的人民革命运动，初升的太阳一样的共产主义思想体系，怎样地改变着我们这个古老的中国，改变着旧社会的腐朽的社会制度，治愈着旧社会的那些诸如"一盘散沙""东亚病夫""因循苟且"之类的不治之症，焕发出我们的民族、我们的人民的无限青春！在这个意义上，"青春万岁"，不仅是指一代人的青年时期，而且是指我们的中华人民共和国，我们的凯歌行进的革命事业，我们的干部和人民将永葆的精神的青春！

◎ 什么叫年轻？年轻就是心跳，就是心跳节奏的明显变动，就是对于自我的心跳状况的切肤觉察，就是心在胸膛里的焦躁、冲击、拉扯、扭曲、撞打、不安分地运动。

◎ 人怎么可以不天真不幼稚一下子就成熟起来呢？没有天真的成熟是多么讨厌的成熟呀！没有幼稚的人生是多么虚假的人生呀！

◎ 对青年人的人生，我就一句话，在任何情况之下，都要化被动为主动。

老年

◎ 老年是人生最美好的时候，成熟、沧桑、见识、自由（至少表现在时间支配上）、超脱。

◎ 人老了，应该成为一个哲学家，不习惯哲学的思辨，也还可以具备一个哲学的情怀，哲学的意趣，哲学光辉笼罩下的微笑、皱眉、眼泪，至少有可能获得一种哲学的沉静。

◎ 老年是和解的年纪，不是与邪恶的和解，而是与命运，与生命、死亡的大限，与历史的规律，与天道、宇宙、自然、人类文明的和解。

◎ 即使已经两眼昏花，我们仍然要描摹缤纷的色彩。

◎ 回忆是一种寂静的，明智的，有时候是深谋远虑的沉埋。

◎ 记忆又像一种弥合的药剂。愚蠢在回忆中变得幽默，自负在回忆中变得天真，卑劣在回忆中跨越告别，敌意在回忆中充分释放。

◎ 人老到一定程度，会有一种特殊的美：那是无限好的夕阳，个性已经完成，是非了如指掌，经验与学识博大精深，知止有定，历尽沧桑，个人再无所求，无欲则刚，刀枪不入，超脱俗凡，关注人生，原谅一切可以原谅的人和事，洞悉一切花拳绣腿，既带棱带角，又含蓄和解，一语中的，入木八分，一言一笑都那么有锋芒，有智慧，有分量有原则有趣味而又适可而止。

◎ 人生在世，谁能无死？一般情况下，谁又不畏死？谁不为人世的无常与生命的短促而长太息以掩涕？谁能不过墓地而垂下自己的有时未尝不是愚蠢与自负的头颅？

◎ 爱比生命长久，爱不分阴阳界，爱滋养着灵魂。死并没有结束爱而是使爱更亲切深沉。

◎ 所有的在天之灵将仍然感受到爱的关怀，所有的有过的、正在有的和将要有的生命，将因了爱的沐浴而愿意和能够忍受和克服一切艰难、不义和悲哀。

◎ 怀旧意识实际就是恋生意识，就是对生命的留恋。

◎ 我们年轻的时候，还不是一样的激烈，一样的天不怕地不怕，一心自己闯出一条新路来……几十年过去了，这才懂得，路要一步一步地走，饭要一口一口地吃……这是教导青年不要偏激。

◎ 友谊不必碰杯，
友谊不必友谊，
友谊只不过是，
我们不会忘记。

◎ 个人爱好是一种休息，但又不仅是休息而是一种对于健康的身心状态的追求。

◎ 游戏：人类的一种天性。

◎ 惟"专长"是不倒的寄托。

励志

◎ 人要在斗争中使自己变正确，而不能等到正确了才去做斗争!

◎ 要敢做事，敢探索，不要站在旁边等着别人失足。

◎ 随时看到希望，看到新的可能性。

◎ 相信自己有很多友人，如果今天确实还没有，明天一定会有。

◎ 相信对立面中的人也会转化，如果今天还死缠着你，明天就会有点变化。

◎ 相信时间，时间对善良有利，对智慧和光明有利，对阴谋不利，对狭隘不利。

◎ 把握住自己，任凭风浪起，稳坐不需要翻船。

◎ 什么难题都有解开的那一天。

◎ 把命运掌握在自己手中，依天行健，自强不息。

◎ 愈是处在逆境下愈要争取生活的快乐与学习的长进。生活是不可战胜的，邪恶者永远不可能全部摧毁生活的乐趣。

◎ 正是在逆境中人们可以做到清醒和富有反省精神。

◎ 逆境等于人生的研究院博士后，逆境等于一次自我清理一次新陈代谢，逆境是一个契机，使自己进入新的更成熟更尊严的精神境界。

◎ 从某种意义上说，没有比保持自己的良好精神状态更要紧的了，只要自己处于良好的精神状态心理状态，谁都奈何不了你。不管处于怎样的逆境，自己精神上不垮谁也就无法把你打垮。

◎ 从情感上来说，甚至于从审美的角度来说，人生的过程就是一个酸甜苦辣的过程，就是一个感受的过程。

◎ 再大的困难，也不应该，不可能把生活压倒，把生活的热情，生活的勇气压垮。

◎ 让理想的光辉照亮我们的现实生活，永远向着理想的境界前进，发展。

◎ 理解比爱高得多。

◎ 活着而又无所事事才是真正的悲剧啊！

◎ 美好的心灵永远不会是平静的自满自足的一潭死水，它充满了不安、焦灼、期待，充满了追求，其中首先是对事业、对道德和对情感的追求。

◎ 安逸的生活可能削弱人的体力和意志。

◎ 人不该被恶挡住双眼。

◎ 即使已经满眼的苦泪，我们仍然要肯定奇妙的人生。

◎ 只有歌声，永远与太阳同在。

◎ 我们渺小，便希望看到伟大。我们干枯，便希望看到无边的湿润。我们怯懦，便希望看到巨大的实力与深刻的危险。我们急躁而又芜杂，满面尘土而又汗流浃背，便希望看到清洁彻骨的无言的平静。

◎ 人无完人，事无万全。

◎ 一个人如果能敞开心胸，让宇宙的风自由地吹入，欣赏、谛听和接纳常常不如人意却又生生不息的大千世界，尽可能地理解自己、生命和万物，他就会在一切盛衰得失之后，更感到深沉的幸福。

◎ 我有一个观点，就是每人做好自己的事，如果你是写小说的，那么把小说写好就是你对社会的最大贡献；你是搞绘画的，那么拿出最好的绘画作品就是你对社会的最大的贡献。只有社会分工明确了，每个人努力做好自己的事，忠于职守，从敬业做起，同时创造一种人与人之间相互尊重，爱惜社会公德的气氛，才能使我们的社会更加祥和。

◎ 每个时代都有自己的特点，都有自己的渺小、平庸、哀叹，也都有自己的伟大、崇高、进取。

◎ 鹰有鹰道，蛇有蛇道。

◎ 不敢冒险，不敢突破，不敢做试验的人也就没有创造。

◎ 只有在生活的大海里游泳、浮沉、搏击的人，才能尝到海水里的盐。

◎ 掏出你的心，敞开你的灵魂，发出你的呼号，才有真的人生，真的爱情，真的文学。

◎ 人生是什么？是诗，是散文，是连续剧，是正剧，是喜剧……是一切。也是闹剧，是过来人的超脱，是站在高处的俯瞰，是对寂寞与孤独的对抗，是不可救药的乐观与不可救药的骄傲的混合。是悲天悯人的长叹。从正剧看出闹剧的人是勇士、是智者，却又未免冷眼旁观。以闹剧显示真正的人生，从闹剧中看出正剧来的人是仁人，是志士，是至善至诚。

◎ 常年流泪的人是结膜炎而不是多情。豁达者才是有泪不轻弹的男儿。常年咋唬的人多半自身倒是胆小鬼。

◎ 豁达的后面才是强力。

◎ 越伟大的理想越有一种自我牺牲的精神。

◎ 承认自己有局限性，承认自己有人性的弱点，这是衡量你的思想方法是不是前进了的一个标志。

◎ 苦干绝不意味着愁眉苦脸。

◎ 经常做着美丽的梦的人有福了。……那些能够把梦想和现实结合起来的人就更值得向往了。从某种意义上说，一切的革命家、思想家、科学家、艺术家、技术改革能手……就是在梦想和现实之间架设桥梁的人。生活的意义，人类的前进，历史的运动，正是发生在这个桥梁上。

◎ 有哪一只鸟不向往天空，哪一条鱼不向往大海呢？

◎ 不论什么大人物都会有自己的精神危机，真正的强者不是从来不发生"危机"的人，而是发生了危机能咬着牙挺过去的人。

◎ 到大海的长风与万里浪中来吧！这里是这样一个地方，使懦者勇，使弱者立，使嘤嘤呻吟的庸夫悚然奋起，使卑微委靡者开阔坚强。

◎ 梦过海的人是有福的。一个没有渴望过海的人，难道懂得幻想生活、爱情和光荣？

◎ 少年先锋队的鼓号比什么声音都响亮。属于未来的力量才是真正无敌的。

◎ 重温旧梦带来忧伤的甜蜜和甜蜜的忧伤。告别旧梦带来希望的坚强和坚强的希望。

◎ 崇拜总是神圣的，没有神圣就没有崇拜，没有崇拜也就没有神圣。

◎ 成功的路是困难的，也许是受苦的路。

◎ 苦学、苦练、苦干，才有一点点成功。

◎ 他只是等待，等待那无可等待的等待本身。等待是等待的结果，等待是等待的前提，等待是等待的目的，等待是等待的全部内容。

◎ 生存是不能漠视的首要问题，却又是最初步的问题。

◎ 人不可能也不应该只满足于活着与为活着而活着。

◎ 机遇的出现一般并不偏爱某个特定的人，许多成功者其实毕生坎坷，他们受到的考验、挑战、磨难其实是多于而不是少于一般人。

◎ 人生的境遇各不相同，成就也各不相同，难以用一把尺子衡量所有的人的生活。

◎ 花开一季，人活一生。总应该认真做好一件事或几件事，叫做有所努力，而不是无所事事，虚度光阴。这样的事希望能够对社会、对人众、对祖国与对人类有益，至少至少，不能有害。

◎ 即使生活还相当艰难，爱情还隐隐约约，学习还道路方长，社会还明明暗暗，人间还有许多不平，你也要投入，你也要尽力尽情尽兴尽一切可能，努力去争取一切可以争取到也应该争取到的，以使你能够得到智慧和光明，得到成绩和价值。

◎ 世间最可怕的事就是自己面对自己了。

◎ 事物难以完美周全，选择是人生的一大难点，选择实际是很痛苦的事。

◎ 有时候我觉得人会被自己的能力，被自己的创造，被自己的革新和自己掌握的手段和可能性所吓住。

不忘初心

◎ 一个布尔什维克，经验要丰富，但是心还要单纯。

◎ 砍头不要紧，只要主义真。主义真——这就是我们的生命、我们的武器、我们的太阳！有了这一条就什么都不怕了！没有这一条……就比什么都可怕。

◎ 遗忘帮助我在一些事情上转过脸去，信念帮助我在另一些事情面前点燃起照明的火把。

◎ 人不能没有理想，没有理想，就没有生存和斗争的目标，也就不会有革命。

◎ 离开了人民的群众的愿望和苦恼，离开了国家民族的兴衰，去一味追求那种小巧玲珑的风花雪月，固然也可存在，却绝非文学的上品。

◎ 我是由于热爱生活、热爱实际工作、热爱人民——共青团员和青年群众——才拿起笔来的。

◎ 永远和人民在一起，做人民的代言人。

◎ 三座别墅和三百万奖金，也比不上三个读者的高尚而又忠实的爱。

◎ 对人民的冷热痛痒漠不关心的人，不可能创造出真正有较高的价值的文学。同时，如果没有思想的深度，没有理性、智慧、世界观的光辉，没有对于精神的高峰的攀登，没有对于社会实际和广大劳动人民的状况和心愿的切实理解，没有高度的使命感和责任感，没有登高望远、取精用宏的风度和气魄，如果我们只是图痛快、图票房价值、图掌声，那么，我们的感情冲动——恕我直言，不是也有可能变成白面书生的哗众取宠和神经衰弱吗?

◎ 追求真理的道路是多种多样的，不存在追求真理的唯一的与笔直的长安大街。

◎ 革命是最有力的事业。

◎ 对我们，文学与革命是不可分割的，文学召唤我们为了真善美去向虚伪、邪恶和丑陋抗争，文学召唤我们走向革命。革命点燃了我们的青春，充实了和照亮了我们的人生，启示我们拿起笔。

◎ 人总有这种时候，突然什么都忘了，什么都没了，剩下的是澄明，是快乐，似乎也是羞惭，更是一种消失。那个有时候是疲劳的、警惕的与懊恼的、絮叨的做蠢事的自己不见了，那个患得患失的"人之大患"不见了，却仍然有一颗感动得无以复加的心。

◎ 人们需要理想主义的光辉却不要理想主义的偏

执与狂妄自大。单纯的务实易于通向平庸；而人的素质越高就越难以忍受平庸，单纯的理想易于通向假大空的自欺欺人。通向天堂的理想实际上却把人们引向了泥沼，假大空的结果反而使人们倒向另一个片面——怀疑一切与犬儒主义。

◎ 大道无术：要自然而然地合乎大道，而毫不在乎一些技术、权术的小打小闹，小得小失。

◎ 大德无名：真正的德行，真正做了有分量的好事，是不应该也不可能出风头的。

◎ 大智无谋：学大智慧，做大智者，行止皆合度，而不必心劳日拙地搞各种计策——弄不好就是阴谋诡计成癖。

◎ 大勇无功：大勇之功无处不在，无法突出自己，无可炫耀，不可张扬，无功可表可吹。

◎ 浩淼心如海，身舟自在浮。

◎ 能够始终保持一种诗的感觉，对一个人来说，真是太重要了。特别是在一个物欲化的市场经济的又是竞争非常激烈的社会里。

◎ 与现实世界的滋味相比，文学的滋味更醇厚、更感人、更动人。

◎ 对于我来说，革命和文学是不可分割的。

◎ 我没有童年！这个思想深深地压迫着我，我想抗议，我想斗争。当我走向革命的时候，我是有过这样的动机的：为了让每个孩子得到童年，为了让每个孩子放起属于自己的风筝！

◎ 那随着时间的推移而不断出现的新事物，那时代、年代的标记，就像春天飞来的第一只燕子，秋天落下的第一片黄叶，总是特别引起我的关注和兴趣。

◎ 革命的威严与崇高，使投向革命的文化工作者鄙视市场而珍视意识形态的纯洁性。

◎ 我一辈子最大的经验最多的思考最深的记忆最根本的性格就是革命。革命一直与我息息相关。

◎ 革命的崇高伟大与艰难牺牲决定了它的奋不顾身一往无前的决绝。

◎ 革命是最有力的事业。

◎ 不，我总是觉得在这个时代，应该在每个中学建一口大钟，每天把钟敲响，钟声要唤起那无忧无虑的少年人，使他们想起我们国家多难的过去，想起壮烈的斗争，想起在敌人包围中进行的建设，让他们听到钟声，就会和着它唱起《国际歌》。

为人处世

◎ 本色不一定好。好的却一定比较本色。

◎ 幽默感是心理健康的一种标志。

◎ 善意是永远不会过时的，就像恶意是任何人一眼都可以看得出来的。

◎ 宽容比峻厉的嫉恨更易于受到攻击，提倡宽容的人往往自己日子过得并不平安。第一，宽容的提出就要把自己放到一个高于众人的地位，它的自信与道德优越感易于引起缺少自信与优势的心高命薄者的反感。第二，战争只需要一方发动，而媾和却需要双方的善意，这就是说宽容比峻厉易于受到破坏。第三，峻厉似乎比宽容更富有积极性进攻性，而宽容似乎处于守势；峻厉可以无所不为，而宽容只能有所不为。何况近百年来的战斗气氛，人们好勇斗狠、刺刀见红的劲头已经远远超过和平善良。第四，峻厉的侵略性比宽容的平静更有表演效果，峻厉好比是放大一百万倍的扬声器里的摇滚乐，敢字当头，冲锋陷阵；而宽容貌似胆怯，内心恐惧，像是绅士自己（常常被讥为唱小旦的）絮絮叨叨。

◎ 乖戾之气认定秩序与规则只对于既得利益者有利。它们宁愿搞他个人仰马翻乃至玉石俱焚。杀呀，放火呀，烧呀……这就是他们的英雄梦。其实只有有了规则和秩序，才能提供给多数人以真正创造与建设美好的生活的道路与阶梯。理想如果不承认生活，理想如果仇视生活，那么事情就可能变得相当麻烦乃至危险。

◎ 一味要求单纯和一味要求清洁一样，它不符合事物从低向高的发展规律，不符合民主与多元的前景。

◎ 愚而诈，是许多人的可恶复可怜之处。

◎ 计谋不但常常是不够用的而且常常是可疑的。

◎ 仅仅有口才有技巧是不够的，更要有一种品质，进入一种化境，化成一种本能一种心境一种风范。

◎ 自行其道，自得其乐，行于所当行，止于所当止，舒卷自如，用藏随意，不骄不躁，不黏不滞，富而有德，贫而乐道，这些当然与计谋无关，乃大智无谋也。

◎ 一百条蹩脚的计谋，不如一条真诚。一百条计谋的花哨，不如一样自身的本色。一百条计谋的大观，不如一副高屋建瓴的境界与博大宽广的胸襟，特别是不如一条大智的远见与深思。

◎ 计谋异化了人，计谋使人变成了计谋的奴隶。

◎ 大吹大擂叫卖大力丸的勇士多半不是真勇士，爱叫唤爱发表声明的猫多半不捉老鼠。

◎ 择其相同者而相同之，择其平等者而平等之，择其不同者而不同之，择其高妙者而高妙之，择其物质者而物质之，择其哲理者而哲理之，是为道。什么事都要耍心眼玩花招是为妖。什么事都瞪眼都找别扭都大闹是为拗。

◎ 古往今来，多少动辄剥夺人家的生命的人，最后都落得个身首异地的下场。

◎ 永远如日月之经天如江河之行地，永远稳得住自己，永远有一个主心骨，永远处于一种阔大、高尚而又脚踏实地的境界。

◎ 任何事情，急于求成都是幼稚的幻想，急于求成的结果一定是不成，对此不应该有任何怀疑。

◎ 超脱不是自私，不是消极躲避，不是莫管他人瓦上霜，而是一种更大的境界。

◎ 超脱就是从一时一地一人一圈一阵热闹中跳出来，尤其是从个人的利害中跳出来，保持冷静，保持全面，保持思考和选择，保持分寸感。

◎ 过分表白的过分强调的友谊，使人觉得可疑，给人以表演和另有目的的味道。

◎ 做你自己想要做而且需要做的事，不做你不想做也对任何人无益的事。

◎ 人的过分的努力过分的干预过分的企盼常常起到了相反的作用，成为完成一件事的阻力。

◎ 我到处讲一个意思：凡把复杂的问题说得小葱拌豆腐一清二白者，皆不可信；凡把解决复杂的问题说得如同探囊取物，易如反掌者，皆不可信；凡把麻烦的事情说成是一念之差，说成是一人之过，以为改此一念或除此一人则万事大吉者，皆不可信。

◎ 在没有绝对的把握的大量问题上，中道选择是可取的，是经得住考验的。

◎ 不要被大话吓唬住。不要被胡说八道吓唬住。不要被旗号吓唬住。

◎ 要善于使用概念而不是被概念所使用所主宰。

◎ 我主张立字当头，破在其中——立了正确的才能破除也等于破除或扬弃谬误的。

◎ 承认特例，但更加重视常态。

◎ 平庸不是罪，通俗不是罪。

◎ 我希望多一点幽默，少一点气急败坏，少一点偏执极端。

◎ 从容才能幽默。平等待人才能幽默。超脱才能幽默。游刃有余才能幽默。聪明透澈才能幽默。

◎ 多一点清明的理性，少一点斗狠使气。多一点雍容大度，少一点斤斤计较。多一点趣味和轻松，少一点亡命习气。

◎ 一个没有幽默的国家是难以存活的，就像一个没有幽默的人是难以存活的一样。

◎ 无害人之心，无苟且之意，无不轨之念，无非礼之思，防什么？

◎ 靠小术占小利，最终贻笑大方。

◎ 逍遥是一种审美的生活态度。

◎ 动辄想到让事实说话的人比起动不动就想说倒一大片的人更安详。

◎ 遇事要多想自己的缺点，多想旁人的好处。

◎ 随风倒，见什么人说什么话，蝇营狗苟，不负责任，机会主义，都是不可取的。

◎ 人不能一味天真，该长大就要长大，该成熟就要成熟。过了天真浪漫的年龄，还是一味的天真浪漫，不可爱，更没有用处。

◎ 只有没有自信的人才怕人家说自己俗。只有自恋不已的人才需要表白自己不俗。

◎ 最大的庸俗是装腔作势。最大的媚俗是人云亦云。最大的卑俗是顾影自怜。

◎ 别人的不好大多数情况下都不是自己不好的合理的或足够的原因，只有不可救药的弱者才需要时时找出替罪羊和出气筒。

◎ 不该管的事不管，管不了的事不管。不应做的事不做，做也做不成的事不做。

◎ 包治百病的大夫最容易自己先害病。

◎ 天才与疯子自古难以区分。

◎ 作为价值取向，我个人不是李商隐类型的，那种悲悲凄凄、颓颓丧丧的人，我不喜欢。我宁愿喜欢一个痛快一点，幽默一点，豁达一点，积极一点的人。

◎ 有所不为是一个人的节操与原则的表现。

◎ 世俗的，红尘的，喧闹的生活永远也不应该被忽视，被贬低。

◎ 想象力首先是一种心智的超越，是一种发达的思辨形式与情感形式。

◎ 幽默是严厉的，是胜利的。即使封住嘴也封不住幽默感，封不住那会心的、意在不言中的笑容。

◎ 幽默是一种人情味，亲切感。是疲于斗争的人们的一种抚慰和复归，所以也是一种轻松感、解脱感。

◎ 敢幽默、会幽默，这就是尊重自己也尊重别人，就是平等待人，就是平等精神。

◎ 语言的机智也可以带来幽默，也可以愉悦心灵，用得过分了有可能变成耍贫嘴，等而下之的便是胳肢人了。

◎ 由于种种原因而不愿不得不甘心幽默的人翻开幽默的作品便紧皱起眉头，这本身就够幽默了。

◎ 越是不幸的人越是要蔑视和糟蹋比自己更不幸的人，这实在是不幸中的不幸。

◎ 没有平等，就没有友谊，正像没有土地就没有庄稼，没有核桃树就没有核桃果。

◎ 共享不等于一定要说出来。朋友的存在与相遇，这就是共享。

◎ 即使是反讽意味的好话，也还是好话，而人是爱听好话的，哪怕事后发现了讽刺的意思。

◎ 在没有幽默感的地方反讽了也白讽。

◎ 人为什么那样愿意让别人认同自己的正确呢？我不会因为她的无误差而增加她的奖金，她也不会因了我的有误差而扣除我的维他命。

◎ 这个世界上没有比安分守己更可贵的了。安分守己了就可以炼出内丹。我主张，设立诺贝尔安分守己奖。

◎ 保守是一种风格，是一种骨子里的傲气，是一种自得其乐的选择，是自己对自己的忠实。

◎ 有的人总觉得陌生一点的人更可爱，陌生人带来的是一缕清新，一种礼貌的自制，一种新经验与启发。由于可爱便愿意接近之，接近了便渐渐发现他也与其他的人没有太大的两样，不见得比他们更高超，如果不是比他们更差的话。这可以称之为喜新效应。

◎ 友谊不用碰杯　友谊不必友谊　友谊只不过是　我们不会忘记

◎ 事到悲时意渐平。

◎ 人贪必少梦，气盛则自虐。

◎ 旧事烟云唯过眼，回眸一笑百结展。

◎ 得失皆一笑，糊涂更风光。

◎ 心在白云苍狗间。

◎ 邪不压正气，我不避小鼠。

◎ 物物皆有定，事事岂无通？

◎ 一个真正的智者是美的，因为他看什么问题比别人更加深刻，他有一种出类拔萃的对于生活的见地、对于人的见地。这样的智者也还有一种气度，就是对人生大千世界的各种形象、各种纠葛，他都能站在一个比较高的高度来看待它。

◎ 幽默有两种：一种幽默是低等的，即搞一些噱头，北京话叫耍贫嘴。还有一种幽默，实际上是一种高度智慧的表现。在生活里，难免存在一些不健康的、不合理的东西，作者对这些一眼就能看穿，然后给予温和的嘲笑或是辛辣的讽刺，所以这种幽默是一种智慧。比如说，小人得志，神气活现，在真正有智慧的人看来，这实在是好笑的，但也无须嘲笑太过，把他狗血喷头骂一通，只要通过一种幽默的方式就行了，既表示了一种嘲笑，也表示了一种讽劝。

◎ 对待世界上的各种事物、各种问题努力采取一种健康的态度，健康的态度是理性的态度、善意的态度、谨慎而最终是乐观的态度。健康的原则是一个利己的原则，就是希望做一件事情能在身心健康的情况下作出选择，从长远来说也希望这件事有利于我的身心健康。因此这是一个利己的原则，也是一个乐生的原则，同时我相信它也是一个道德的原则。一个以健康的态度对待各种问题的人，他给别人带去的也是健康，不是痛苦，不是折磨。有越来越多的人喜欢折磨自己，再去折磨别人，这对谁都没有好处。健康的原则又是一个智慧的原则，对问题采取一种聪明的、可行的办法。

◎ 任何一种追求都是一种价值观念，而任何一种价值观念都包含着一种危险，因为有价值就有竞争，有竞争就有排他，有竞争就会对自己缺少的东西不能很好地认识。

◎ 创造是一件危险的事情，任何称得上是天才的创意都构成了对平庸和惯性的挑战，至少是对人云亦云的多数的一种不敬。

◎ 不论是棍子式的蛮不讲理，或是狂徒式的蛮不讲理，都是我所不赞成的。

◎ 爱与崇拜并不总是秋天的果实、理智的产物，以旁观者的角度去看往往觉得爱是盲目的、崇拜是荒唐的。

◎ 浮躁是什么意思呢？一是偏执，一是急于求成，想赢得所有的分数和喝彩。

◎ 尽量地不封闭自己，不认为更不宣称自己已经达于至善。

◎ 人长大了没有小时候可爱，但人总要长大，人不能为了变得可爱，就老假装自己七岁八岁。

◎ 人应该有自己的本色。小孩就是小孩，幼稚就是幼稚，成熟就是成熟，老练就是老练，不老练做老练状，或老成而做天真状，都讨嫌。

◎ 荒诞的笑正是对荒诞的生活的一种抗议。

◎ 枉费心机者埋怨泰然处之者的老谋深算，利欲熏心者咒骂淡泊明志者的虚伪。

◎ 有一些关上门百思难得其解、令人头痛欲裂、只觉得爆炸在即的问题，拿到另一个参考系统的范围一看，实在是小菜一碟而已。

◎ 很可能，太多太油地幽默了也和太多太躁地拒绝幽默一样，或是一种老态、或是一种狂态乃至变态吧!

◎ 世界上除了可能的事体情理在起作用以外，还有不可能的、不合逻辑的非事体情理或歪事体情理或乖谬荒诞的事体情理在起作用！

◎ 一株挺拔的树在风里自然地飘摇，它没有固定的姿态，却有一种从容，一种得心应手的自信，一种既放得开又收得拢、既敢倾斜又伸得直、既不拘一格千变万化又万变不离其和谐的本领，不吃力、不做作、不雕琢、不紧张、不声嘶力竭。我们说这是潇洒。

◎ 潇洒是一种心态，一种精神，一种拿得起放得下的豁达，一种饱经沧桑而又自得其乐的欢愉。

◎ 潇洒是一种风度，一种胸襟，一种大度，一种精神的解放，一种从必然王国到自由王国的飞跃。

◎ 机智是一种美，是用一种最简练的语言、最生动的方式、最直接的对事物本质的揭示。

◎ 机智的语言一句可以驱散一片雾。

◎ 幽默是一种酸、甜、苦、咸、辣混合的味道。它的味道似乎没有痛苦和狂欢强烈，但应该比痛苦和狂欢还耐咀嚼。

◎ 幽默是一种亲切、轻松、平等感。装腔作势、借以吓人是幽默的对头。

◎ 幽默是一种成人的智慧，是一种穿透力，一两句话就把那畸形的、讳莫如深的东西端了出来。它包含着无可奈何，更包含着健康的希冀。

◎ 幽默也是一种执拗、一种偏偏要把窗户纸捅破、放进阳光和空气的快感。

◎ 幽默的灵魂是诚挚的庄严，我要说的是：请原谅我那幽默的大罪吧，也许你们能够看到幽默后面那颗从未冷却的心。

◎ 激昂是一种不顾一切的傻气，没有一丝灵气的人是可笑的，没有一丝傻气的人是可悲的，有时候是可厌的。

◎ 含蓄是一种技巧。一以当十，言简意赅。

◎ 含蓄是一种智慧。它能看透并抓住事物最本质的方面，它能看透并抓住纷纭的、千变万化的众象中的共同性的东西。一说就明的根基在于一点就透。

◎ 含蓄是一种追求。言语永远是有限的，意趣却是无限的。只有懂得无限、感受得到无限的人才懂得并感受并去实行以有限的言语去追求无限的意趣，于是才有含蓄。

◎ 含蓄是一种风格，是一种礼貌、文明、深沉、文雅、婉约，它绝不那么浅薄、粗鲁而且咋咋唬唬地强加于人。

◎ 含蓄是一种品德，尊重别人也尊重自己，尊重世界、尊重历史也尊重文学，因此永远不要喋喋不休。

◎ 从来不说一句废话的人有一种特殊的尊严。

◎ 真正厉害的人从来不暴跳如雷，从来不泼污水。

◎ 都追求成功，但常常遭到失败。都抱怨的人，却不知自己同样受到抱怨。都费尽心机，殊不知其中只有极小的一部分有作用。这是一种深刻的误会，一种深刻的悲剧、喜剧、悲喜剧。

◎ 喜剧感常常是一种清明感、一种分寸感，也是一种距离感。与一切谬误、误会、失度保持距离。与自己的局限性保持距离。与自己的私心私欲保持距离。

◎ 幽默感是一种距离感，却又是一种亲切感。是对群众的良知良能的认同。

◎ 嘲弄是一种传神的勾勒，是机智也是学问和经验。

◎ 调侃者最善于洞察人性的弱点，他不相信你不相信他也未必相信他自己。他不迷信已有的，也不迷信应许有的期待有的，所以它具备一种特别的冷静和润滑的品格，它具有一种难得的分寸感和见好就收的自制力。

◎ 调侃是聪明而又无能的文人剩下的唯一嘴上功夫、嘴力贡献、"恶习"与趣味。

◎ 钱是个好东西，但是钱的好毕竟是物质的好，而人需要的不仅是物质。

◎ 世上唯有情动人。

◎ 许多的清高带有被迫性。

◎ 有道则有量度气度风度。

◎ 是好人就得做烈士，活了就有砟儿，这种理论是很不近人情的，这与要求所有的寡妇守节从本质上并无二致。

◎ 君子相赠以言。

◎ 当某一种"瞎浪漫"的语言氛围成了气候成了"现实"以后，一个敢于直面人生直面现实讲常识讲逻辑的人反而显得特立独行，乃至相当"浪漫"相当"不现实"了。

◎ 没有任何绝对价值感的人，彻头彻尾的机会主义者是什么事都做得出来的。

◎ 睚眦必报的人自己生活得一定很痛苦。

◎ 友谊是和空气、阳光一样重要，一样须臾难离，并且是比一切物质条件更重要的东西。

◎ 痴人多烦恼，妄人多烦恼，野心家多烦恼。

◎ 动不动就用最庸俗卑劣的语言来谈论世界的人，除了暴露自己的庸俗与卑劣又能说明什么呢？

◎ 不要轻信那些漠视人的生存问题，捏着鼻子蔑称之为"形而下"的纨绔子弟的牛皮大言。一切不关心人们的生存条件生存质量的理论，都带几分云端空论、大而无当的可疑之处。

◎ 一个新朋友就像一个新景点一个新餐馆，乃至一件新衣服一个新政权一样，都会给你的生活带来某种新鲜的体验新鲜的气息，都会满足人们的一种对于新事物新变化的饥渴。

◎ 求事业，求道德，求本领，求学习，则人际关系良好；求山头，求蝇营狗苟，求私利，则人际关系完蛋。

◎ 嫉妒给人的负担是太沉重了，给人的阴影是太黑暗了，只有尽量去除嫉妒心，把人际间的难免的不服气引导成为合法的、积极的、光明的与正当的竞争，才算健康。

◎ 为了明朗的生活就要对万事万物采取一种光明、透明、敞开、开放的态度，永远不搞得鬼鬼祟祟、偷偷摸摸、神神经经。

◎ 不可能以虚伪换得真情，不可能以严防获得信任。

◎ 没有活泼的思想，哪会有活泼的人生！

◎ 不可求全，不可希图垄断胜利和好处，不可绝对化。

◎ 在绝大多数情况下，生活的力量仍然有可能战胜不让你好好生活的力量，对于不让你好好生活的邪恶力量来说，你能好好地生活就是针锋相对的回答。

◎ 心猿或可至，意马实难舒，胸襟但豚鼠，何事思的卢?

◎ 添置一些东西的主要作用不在使用而在于得到时占有时的那一瞬间的快乐。

家庭

◎ 家庭是爱的结果，是爱的载体，是爱的"场"。

◎ 分手以后的团聚，这是命运给人的报偿。

◎ 有多少青春、多少革命、多少爱情、多少胜利就有多少歌声。

◎ 家有贤妻无大难，道绝诡术远小蹊。

◎ 任性是对爱的一种享受。

◎ 对父母尽心最满足。给孩子服务最甘甜。给老伴尽心最福气。给朋友帮忙最得意。

◎ 家庭也像健康，你得到的时候认为一切你所获得的都是理所当然，甚至木然淡然处之；而当你失去以后，你就知道这一切是多么宝贵，多么不应该失去。

◎ 特别是在严峻的日子里，家庭的功用实在是无与伦比的。我个人有一个发现——仅仅政治上的或者工作上的压力是不会把一个人压垮的，凡是在那不正常的年月自杀身亡的人，几乎无一不是身受双重压力的结果。即是说他们往往是在受到政治上的打击与误解的同时又面临家庭解体，在家里受到众叛亲离的压力。反过来说，身受政治与家庭两重压力而全然能挺过来的实在不多。

爱情

◎ 爱总是和某种忘我精神联系在一起的，如果没有最起码的对自我的克制，对对方的尊重、宽容乃至迁就，两个人也许不可能快乐地相处一个小时。

◎ 一个绝对的自私自利者，一个彻头彻尾的自我中心者，不但不会有高尚的道德意识和社会意识，也不会有真正美好的爱情和婚姻。

◎ 理解比爱更高。

◎ 与锦衣玉食相比，感情——爱的生活才是更加真实的生活，更加真实的存在，更加真实的寄托，更加有意义的体验——如果人生一定要找到一点什么意义的话。

◎ 宝玉黛玉思想情感的契合大大提高了他们的爱情的品位，中国古典小说中几乎从没有也再没有出现过这样的不同凡俗、超拔于凡俗、实际上比凡俗不知清醒凡几高明凡几故而也悲哀得多的知音式的爱情。或者更准确一点说，这是知泪知哀知寂寞的爱情。

◎ 像宝玉与黛玉这样的死去活来的爱情，真不知应该算是人的天堂还是地狱，人的最最珍贵的幸福还是最最可怕的灾难。

◎ 爱就是病　病就是爱

◎ 宝玉的那些广博而又彻骨的感情体验，不能不说是真人生的真感情真体验。宝玉一辈子活得不冤。

◎ 情感一旦成为强烈的、蚀骨的、无可推敲（不能讲价钱）、无可理解（用逻辑推理解释也解决不了任何问题）、不能逆转不能更替而又弥漫在自己的整个生活之中，甚至是决定着自己的整个生活道路的"辖治"

之后，它不是像命运一样威严、像命运一样铁定、像命运一样至高至上、像命运一样来自至上的苍天吗？

◎ 对抗人生的寂寥与痛苦，对抗环境的污浊与黑暗，宝玉、黛玉选择了基于真情而相互奉献、相互寻求、相互结盟而实际上最终是以身殉情的道路。这就是天情。

◎ 如果把人生看做一个过程，把爱情看做一个过程，那么宝黛爱情就不是"枉自"与"空劳"，而是他们的青春、他们的人生体验中接近唯一的最最美好、最最充实、最最激动人心、最最带来强烈的感情依托和许多暖人肺腑的感激与沉醉的东西。

◎ 有多少爱就要求多少回应。以生相许的爱要求以生相许的回答。至上唯一的爱要求至上唯一的响应。

◎ 嫉妒心从爱心生，丑从美生，这也是感情的辩证法。

◎ 真生命真事业真学问真爱情只能属于无所畏惧的人，具有某种"傻子"气质的人。

◎ 纯情来自对自己深爱的异性的一种尊重。

◎ 在《红楼梦》里，爱情是一种病，是一种深入膏肓的疾患，药石难医，病灶难除，好可怜的人啊人！情便是痴，情便是误，情便是悲，情便是苦。

◎ 爱情是净化的力量，也是毁灭的力量。……每每黛玉为宝玉要死要活，终于为宝玉而死；每每宝玉被黛玉之爱折磨个死去活来，两个人的心灵也才能有所相通相知。这样的爱情是不能成功的，上帝是不允许这样的爱情的，因为这样的爱情比上帝还有力量，比生命还有力量。

◎ 没有回应的爱情，没有回应的才华，没有回应的眼泪和怨懑——这是一个没有回应的生命！爱情是什么？爱情是从爱自己的人身上获得自己的存在的证明。

正是在爱情的镜子里，人们感知了自己最青春、最美好的形象。不能获得证明的存在未必是真实的更不是有意义的存在。失去了对自己的青春和美好的感知亦即失去了美好与青春。

◎ 爱情能使生活天翻地覆。

◎ 爱情是一束光，照亮了许多人的眉眼。爱情是一把刀，雕刻分明了人们的轮廓。

◎ 一个人活在世界上，需要友谊，需要人与人之间不那么冷酷、尔虞我诈、勾心斗角，不是表面笑嘻嘻背后给你一刀子。还需要有理想，我们不但生活在今天，还要看到明天……也希望有爱情。不管没结婚和已婚的，都希望有爱情。就是结婚的，希望老伴对自己好一点，希望有真正的爱情啊。希望我们社会人与人之间的关系越来越合理，越来越正常，希望自己生活越变越美好。

◎ 为什么爱情故事那么多，爱情的小说那么多呢？就因为现实中十全十美的、浪漫的、青春永驻的、如诗如歌如画的爱情太少了。

◎ 我从来相信爱情，相信欲望的升华，相信不仅性欲是人性，纯情或者柏拉图或者自律也是人性的一个方面。人性不是单向的只限于动物性的。

◎ 爱，大概是世上最美好的情操之一了，或者干脆就说是世上最美好的情操了。

◎ 无知者狭隘者的爱必然带有自己的无知和狭隘的特色。庸人以使被爱者成为庸人为爱的体现。狂人以使被爱者随之发狂为爱的体现。

◎ 爱升华成为理解，才最终成为非自私的爱。

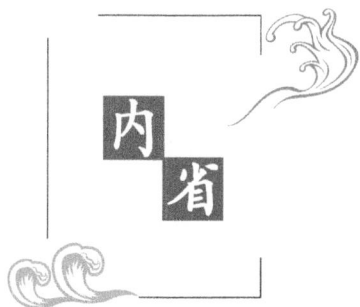

内省

◎ 当我们回首旧事，内心里更多的是明朗的欣慰。

◎ 没有心灵的生活是冷淡的、僵硬的、枯燥的、琐碎的与可悲的生活。

没有生活的心灵是空虚的、狭隘的、病态的、苍白的与可怜的心灵。

◎ 一个真正敏锐、深邃、宽阔的心灵，在它极富内在的追求、热烈与机敏的同时，在它极善于内省自察、想入非非、过着别人难以企及的丰富的内心生活的同时，它绝对不会拒绝去贴近世界、贴近时代、贴近生活、贴近人民。它绝对不会拒绝去端详人类生活特别是社会生活的千姿百态，不会拒绝去倾听大千世界的繁复音响。它不会拒绝用世界来丰富自身，不会拒绝用自身的创造物去丰富世界，就像一个健康的胃不会拒绝食品，一个健康的肺不会拒绝空气一样。

◎ 我本来就是一个"经验主义者"，我的一辈子的经验既帮助着成就着一个人也决定着限制着一个人。

◎ 听牛头不对马嘴的辩论还不如去听鸟鸣。但是，如果你想一想他为什么会牛头不对马嘴地叫了起来呢？你就会增加对人生与人性的理解，不但理解旁人的弱点，也审视自己的毛病。牛头不对马嘴的吹捧亦然。

◎ 正视别人的恶劣也算是一种勇敢，正视自己的恶劣那就不仅是大勇而且是大智大仁了。

◎ 该玩就玩玩，该放就放放，该赶就赶赶，该等就等等……永不气急败坏，永不声嘶力竭。

◎ 允许别人开自己的玩笑，要懂得自嘲解嘲。

◎ 做事应该严格，待人应该宽容。律己应该严格而待人应该宽容。

◎ 与其忌妒别人的成功不如自己去做出成绩。

◎ 知道自己知道什么，更要知道自己不知道什么；知道自己能够做到什么，更要知道自己不能够做到什么。

◎ 自嘲是高境界的幽默。

◎ 意识到自己的存在并企图客观地去观察他与了解他，实是人类的一大灵性。

◎ 以有限之身思无限之大，以有限之生命思无限之寂寥，这是万物之灵的独有的痛苦，也是万物之灵的独有的骄傲。

◎ 能不能进入一个更高的境界来清醒地审视自我，

这可以说是悟性的根本标志之一。

◎ 作家最大的障碍便是他自己，最难超越的也是他自己。

◎ 对寂寞的敏感有时也许是一种软弱。

◎ 嗜好是人对自己的一种娇惯。

◎ 在中国，淡泊不易，宁静更不易。适度的淡泊与宁静却是必要的。于人于己，动不动就那么躁狂与冲动又所为何来呢？

◎ 有反省才有超越，才有长进，才有光明，才有智慧，才有和平与哪怕是最初级的成熟。

◎ 绝望使人平静，平静使人进入崭新的境界。

◎ 知大解渺小，知苦解甜甘。

◎ 与其搞二元的极端的对立，不如努力去做多元的互补。

◎ 人生好比粮食，哲学、宗教、艺术都是粮食的发酵的产物。

◎ 我身上有两种倾向或两种走向都非常鲜明，比如一种是幽默，一种是伤感，本来幽默与伤感是不能相容的。我们读幽默的如老舍的小说，果戈理的小说，马克·吐温的小说，不大可能在他们的小说找到泰戈尔的温馨、屠格涅夫式的伤感，也找不到巴金那种激情和缠绵，甚至觉得让你不满足。幽默弄浅了就是油滑，弄深了就是一种解脱，飘飘然把一切都看成儿戏、游戏。幽默的人实际很可怕的，他是用严厉的态度看人生，他是在高高的塔尖上看人生，所以才觉得幽默。置身其中的时候往往感觉不到幽默，人在"文革"中挨打挨斗决不幽默。事情过了很久，互相议论起来，当然议论起来也有非常愤怒的人，也有很多人拉开了足够的距离以后就觉得好笑，起码哭笑不得。可是我非常真实地感受到这两种力量，既有幽默的，讽刺的，解脱的，尖刻的甚至恶毒的情绪，另一方面又有伤感的，温情的，纠缠的，原谅的，永远不能忘却的情怀甚至于自恋，我觉得这两种东西在我身上都有。

◎ 在我的生活经验中，不但有清明的、真实的、可以理解乃至可以掌握的过程，也有许多含糊的、不可思议的、毫无逻辑可言的、乃至骇人听闻的体验。还有一些东西，乍一看，很明白，再一想，又是匪夷所思了。比如政治运动，比如生老病死，比如人事无常，比如枉费心机的努力，比如，本来打算进那个房间，进去了老半天，才发现是另一房间，比如最熟悉的人和事也许是最陌生的，比如最好的用意造成了最不好的后果，比如把最不通的语句写成了诗，失落者扮成了"大哥大"。

◎ 认识和把玩荒诞性，也是一种成年人的智慧。

◎ 成年人的智慧是幽默。

◎ 有一种力量，它可以超出一时一地的局面，这就是生活的力量。

◎ 清明像秋水长天，像收割后的土地，像阳光下的落尽了树叶的冬天的枝干。

首先是一颗清明的心，删去心里的一切庸俗、烦琐的、混乱的、粘连的杂念。

删去一切的多余。多余的计较，多余的嗟叹，多余的眼红，多余的纠纷，多余的闲言，多余的打扮。

删去了一切多余之后生活便活灵灵地凸现。晴川历历汉阳树，明月出天山，清水出芙蓉。冬天到了，春天还会远吗？

◎ 只有赤诚才能唤起赤诚。

◎ 唯有善良，始有单纯。唯有自然，始有单纯。

◎ 儿童的单纯是天性，老人的单纯是智慧，是更上一层楼又一层楼的谦虚。

◎ 单纯也是无畏。无畏方能无伪。

◎ 单纯是一切事物存在的最快乐的形式。单纯就是快乐。单纯就是不设防。单纯就是秩序。

◎ 单纯是一只鸟，你想捉它，它就飞去。单纯是一枝花，你折下它，它就枯萎。于是你才明了，单纯原来就是你自己。

◎ 二十世纪以来人类愈来愈学会正视自己的困境和弱点，愈来愈善于自我嘲弄了。这未尝不说明着一种成熟和进步。不妨说这种嘲弄有一种悲观色彩。

◎ 一种人生观，一种主义一种信仰，往往是一个人的全部经验的总结，全部人格的升华，全部知识的融汇，它来自生活这部大书的因素超过了某几本具体的书。如果某几本具体的书起了关键作用，也是因为符合了该读者的生活经验与生活需求。

◎ 完全没有理想是可悲的，但要执着于某种先天就带有缺陷，至少是比较幼稚的理想，然后变得偏执，甚至把理想变成一种自我欣赏、一种自恋、一种膨胀以至疯狂，那就会产生很可怕的后果。

◎ 坚持只认为过去是最美好的，而今天是充满了罪恶，那就等于用乌托邦主义来枪毙现实。

◎ 真正的高标准的美是正视生活和人的一切复杂性、艰巨性的美。真正的喜悦应该是付出了一切代价、经历了真正的灵魂的震撼的喜悦。

◎ 对梦幻的嘲笑是由来已久的。

◎ "梦幻"既不可笑又不可怕，也完全不意味着脱离现实。相反，不分青红皂白地鄙视和摈弃一切"梦幻"、理想和想象力才是真正可怕的事。

◎ 人类的生活的欲望、生活的热情、生活的兴致实际上是无限的，是永远也不会完全满足的。

◎ 奇与怪也是人们的一种追求——对于新的经验、新的感受的追求。奇与怪是一种突破，一种冲击，一种挑战，对常规的挑战，与常规的竞赛。

◎ 好奇心可以出自崇高的思想境界，也可以只意味着一种低级的卑劣心理。

◎ 记忆就是人。记忆就是自己。爱情就是一连串共同的、只有两个人能共享分享的刻骨铭心的记忆。只有死亡，才是一系列记忆的消失。记忆是活着的同义词。

◎ 克服了过分的天真，克服了软弱的浪漫，摈弃了良好到天上去的自我感觉，勇敢地面对现实的一切艰难，把烦恼当作脸上的灰尘，衣上的污垢，染之不惊，随时洗拂，常保洁净，这不是一种智慧和快乐吗？

◎ 嫉妒是一种微妙的情感，强烈而又隐蔽，自己对自己也不愿意承认，却又时不时地表现出来。忌妒很伤人，很降低人，使人变蠢，变得可笑，可悲，可厌。一个人越是掩饰自己的嫉妒，就越容易被别人觉察出来。

◎ 我爱生活，我叹息一切美好的瞬间的短促。只有文学才能使美好的瞬间与永恒连接起来。

◎ 我的作品会比我自己走更远的路。我的作品会走进我还没有机会走进的房子；我的作品会说我还不会说的话；我的作品会有比我自己更宽阔的胸怀和臂膀，拥抱我们的这个星球，拥抱我们的这个世界，拥抱那个叫做人的同类。

◎ 我喜欢语言，也喜欢文字，在语言和文字中间，我如鱼得水。语言和文字是我的比人民币和美金更重要的财富，我要积累它们，更要使用经营——有时候是挥霍浪费它们。

◎ 自省与自我批判乃是健康心理的一个重要标志。

◎ 无私至少是少私故少惧，胸有大志则吾善养吾浩然之气。

◎ 宁做恶人，也不要做一个无趣的男人。

◎ 不论你有多么正当的理由，怒火攻心永远是一种失败的表现。

◎ 要永远有失败的准备碰壁的准备被指责的准备和遭遇风险的准备，在这一点上永远不要抱侥幸心理。侥幸心理、自我估计过高与以己为准是一般人最易犯的三个错误。

◎ 与其对旁人要求太高，寄予太大的希望，不如这样要求自己与希望自己。与其动辄对旁人失望不如自责。

◎ 没有道德，没有精神追求，没有审美意识与审美价值的生活不是真正值得羡慕的生活。

◎ 一个人活在世上，最重要的一点是自己的信用，计谋多的人可以轻易地让旁人上当，可以为自己摆脱困境，可以为自己找到永远适用的说词，可以到处占点便宜，然而致命的麻烦是计谋太多的人没有人相信，计谋家是靠不住的。

养生

◎ 多种多样的兴趣与快乐，不仅有益于健康也有益于学问、工作乃至处理公私事务。

◎ 能不能听得进音乐去，这大体上是您需要不需要请心理医生咨询的一个标志。

◎ 珍惜自己的生命和身体，才能珍惜别人的生命和身体。

◎ 自然最舒适。自然最养生。

◎ 自然是一种"度"，恣肆而有节制的"度"，事物与人心具有的本身的分寸感。

◎ 心理健康的标准第一是基本的善良，第二是明朗，第三是理性与自我控制。

◎ 生命的健康固然需要有健壮的身体，但这绝不是生命健康的全部意义。真正的生命健康乃是非痛苦的、非歪曲的人生，更重要的是心理的卫生与无邪的人生态度。

◎ 以养生而养生者，养生之末流也；以不养生而养生者，养生之道可道非常道者也。

学习

◎ 寂寞与专心分不开，专心则是取得真才实学的前提，真才实学又是在各种处境中取得主动权的基础。其心清清，其念纯纯，其风翩翩，其神奕奕。

◎ 生活是本体的，味道——包括意义、魅力、趣味、激情以至形式的美与变幻……是从生活的"体"中生发出来的"用"。许多作家追求这种"用"，这种生活的真味，并用各自的手段创造了许多味深味永的珍品。但文学的优势恰恰在于它用原生的、整体的、本体的形式反映生活，而听凭读者去"用"，去以它做话题，做学科分析，品味它的真谛。

◎ 努力生活，努力学习，努力写，决不停滞和苟安。

◎ "文革"十年我的钢笔都丢了，需要写字时就向我儿子借一支用用，用完了以后再还给他。

◎ 生活是一个谜，艺术也是一个谜，人们在追求、在接近，却永远也不可能穷尽它的谜底。生活是深的湖，艺术也是深的湖，人们生于新、长于新，却谁也不可能贯通它所有的层次。

◎ 探索易于惹人非议，苟安却又实在难有发展。嘲笑条条框框是容易的，真正有所突破却难而又难。刻意追求突破条条框框本身就有可能变成新的条条框框，刻意求新的新转眼间也可能变成老套套。

◎ 书是教人学问、教人聪明、教人高尚的，为什么书会使某些人愚蠢起来了呢？因为书与实践、与现实、与生活之间并非没有距离。人一辈子许多知识是从书本上学的，还有许多知识和本领是无法或基本无法从书本上学到手的。

◎ 即使是烧一碟好菜，也不是光靠读菜谱能做得到的。

◎ 创造性的书难找，照抄或变相照抄的书易求。

◎ 只有既喜欢文学更热爱生活执着生活并能够直接地不借助于现成书本地从生活中获得灵感、启悟、经验与刺激，从生活中汲取智慧、情趣、形象与语言的人才好去创造文学。生活是文艺的唯一的源泉，文学本身并不能产生文学，只有生活才能产生文学。这些都是我的一贯信念。作家应该善于读书，更需要善于读生活实践的大书、社会的大书。

◎ 学习的过程实是商量或曰商榷的过程。……学而时商量之、商榷之，不亦悦乎！

◎ 真理是不怕也不拒绝商榷的，怕商榷的不是真理。真理尤其不会假商榷之名行不得商榷之实。商榷是通向真理之路，商榷应该具有通向真理的优美品格：真诚，实事求是，光明正大，负责，客观，全面，不带或少带私心杂念，不自傲，不自夸，不苟同，不看风使舵。商榷有商榷应有的学风和文风，装假是装不出来的。随着学术和文化教育的发展，商榷之风一定能够大大发扬。我对真正的商榷充满渴望，充满信心。我对健康的学术文明充满渴望，充满信心。无数的经验教训已经告诉我们，商榷比不商榷、假商榷要好得多，要经得住考验得多。相信真诚的商榷吧，在商榷中，我们失去的是偏见与阴暗，我们接近的是光明的真理。当然商榷并非万能，也许商榷了半天还是没有让大家都得到真理；但是，拒绝商榷就会离真理更远。从某种意义上说，对商榷的信心就是对真理的信心。

◎ 读旧书如读过去的自己，如面对一去不复返的时光。

◎ "明白"的意思就是不但读书，而且明理，或曰明白事理，能用书本上的知识廓清实际生活中的太多的糊涂，明白真实的而不是臆想的人生世界。

◎ 明白人拒绝自欺欺人和钻牛角尖，明白人拒绝指鹿为马望梅止渴画饼充饥，明白人拒绝用情绪哪怕是非常强烈和自称伟大的情绪代替事实、逻辑与常识，明白人绝对不会认为社会主义的草比资本主义的苗好，因为愈明白愈知道吃饭的必要性，明白人也不会相信背一句语录就能打赢乒乓球，哪怕世界冠军声称他的金牌是靠背语录赢来的。

◎ 明白人总是宁可相信常识相信理性，而不愿意相信大而无当的牛皮。

◎ 人们按照书上写的去做，干的傻事有时候比聪明事还多。

◎ 书比较稳定，过于稳定的东西又容易变得陈旧过时。墨守书本上的东西，可能会碰得鼻青脸肿，但拒绝书本上的知识，只相信实惠和经验，会不会更愚蠢呢？

◎ 学好汉语文是学习他种语文的基础。

◎ 不受任何条件的限制，从不停歇，从来没有被怀疑过其价值和意义，从来都给我以鼓舞和力量，给我以尊严和自信，给我以快乐和满足，从来都给我以无尽的益处的行为，就是两个字——学习。

◎ 学习最明朗，学习最坦然，学习最快乐，学习最健康，学习最清爽，学习最充实。

◎ 学习是我的依托，学习是我的火把，学习是我的营养钵也是我的抗体。

◎ 不会被人剥夺的事情就是学习，就是学习学习再学习。

◎ 学一种语言，不仅是多打开一扇窗子，多一种获取知识的桥梁，而且是多一个世界，多一个头脑，多一重生命。

◎ 母语好比是家乡、家园，外语好比是世界。

◎ 学习使我觉得自己年轻，学习使我觉得自己仍然在进步，在不断充实。学习使我感到了自己的潜力，生命力。学习使我的生活增加了新的意义，每一天每一小时都不会白过。

◎ 学习语言是一种享受，享受大千世界的丰富多彩，享受人类文化的全部瑰丽与相互作用，享受学而时习之的不尽乐趣，享受多种多样而不是单一的，相互区别甚大而不是大同小异的不只一种人生。

◎ 学习是我的骨头，学习是我的肉（材料与构成），学习是我的精气神，学习是我的追求、使命、奋斗，学习也是我的快乐、游戏、智力体操，学习是我的支撑，学习是永远不可战胜的堡垒，学习是我的永远的主动性积极性，学习是我的立于不败之地的保证。

◎ 正如思想是不受剥夺的，学习也是不被剥夺的。

◎ 学习使我坚强如钢刀枪不入。

◎ 思想不是少数人的特权，不是作秀。

◎ 有价值的思想是美丽的，学习着是美丽的，思想着是美丽的，认识着的实践是美丽的。

◎ 学习归根结蒂是通向真理，通向知识，通向光明，通向正确的抉择。它同时通向快乐，通向胜利，通向精神的家园精神的天国。

◎ 学习是一种坚持、一种固守、一种节操、一种免疫功能。

◎ 学习者，至高至强至清至明复至艰复至乐也。

◎ 世界上有一类东西，是可以从书本上学到的，而另一类东西，是从书本上学不到的，或者从书本上学到的只能是相反的东西。

◎ 读书而不明理，就只能一头雾水，"问以经济策，茫如坠烟雾"。明理而不读书，就只能满足于浅俗的小手小脚雕虫小技。把生活当做一部大书读，把一本本的书当做生活的向导和参考，当做谈话和辩驳的对象，那么，学习也罢，生活也罢，一切将变得多么有趣！读书明理，与时俱进，书有尽事有尽而思无穷用无穷，置于明朗之境，立于不败之地，这样离化境也就越来越近了。

◎ 一样东西学好了、做好了，就入了"化境"。化境是准确的得当的恰到好处的，又是美的漂亮的即叫人看着舒服的。入化境的最大特点是身外之学化做身同之学，一切学问知识本领信条化为本能、化为生性、化为本色、化为爱好与习惯、化为快乐与内在要求、化为审美的快乐与满足。于是诚于中而形于外，只听命于内心的诚实，随心所欲不逾矩，庖丁解牛，如入无人之境，治大国如烹小鲜，信手拈来，俯拾即是，百战百胜，左右逢源。于是不露痕迹，不摆花架子，不强求，不咋呼，不闹腾，不热炒推销，不连蒙带唬，更不以势压人，哗众取宠。

◎ 人生最重要的是什么？一个是生存，一个是学习。没有生存之虞的人生是没有代表性的人生，因而我们不能笼统地咒骂人欲横流牺牲有时是必要的，但生存的权利是第一位的人权，是不可剥夺的。我们必须珍惜个体的生命价值，但生存并不是简单地活着。你所做的事在决定着自己生存的价值和质量，而这里学习是最重要的。

◎ 恰恰是在身处逆境之时，学习的条件最好，心最专，效果最好。

◎ 最好的老师是生活，最好的课堂是实践；学习是涵盖一切的，生活即学习，学习即生活，学习即性格，学习是人的第一特点第一长处第一智慧第一本源；学习是一种建设一种节操一种免疫功能；学习是人生的智慧之灯。

◎ 人生是明朗的人生，是明朗的航行，不是酸溜溜、阴森森、嘀嘀咕咕、磨磨唧唧的阴沟里的蠕动。学习使我得到智慧得到光明，如果没有一下子得到，那至少也是围绕着靠近着感受着智慧和光明。

◎ 人人可以学习，人人有学习的权利与可能，而同时任何人也不可能终结真理、垄断真理。

◎ 身同之学就是指学习培养的不是一物一事一桩一门的知识和技巧，而是全面的智力、能力、意志与理念，全面的人品、风度、气质、性格、风格，身体的与精神的全部力量。比如智慧、镇静、从容、远见、坚定、博大、高尚、善良、潇洒、机智、耐心……这些都不是可以临时补充、临时改变、临时完成的。这些就是人，就是人的感觉人的脾性人的神经人的良心良知良能人的本领人的面貌人的蕴藏人的能量人的有别于他人之处。

◎ 学习的目的最终是为了能够解决实际的问题、新问题，能够训练自己得到过人的智慧，达到崇高的境界，做出更大的贡献，取得成功，做出更加完美的表现，享受更加光辉的至少是更加快乐和健康的人生。所有这些都不是单纯靠书本阅读背诵就能够到手的。

◎ 学问从根本上说是相通的，真理有自己的统一的品格，世界的统一性既表现为物质的统一性——例如月球上的物质与地球上的物质是统一的——又表现为事体情理上的统一性。

◎ 任何一方面的学习，既有实用的意义，又有从根本上提高智力提升境界的作用，所有的学习都通向智慧的海洋、智慧的巅峰，所有的学问当中都包含着一种追求真理、献身人群、正大光明、有所不为的品格，都包含着普遍适用的道理。

◎ 中国语言中除了"悟"以外还有一个"通"字。

◎ 通首先是书本与生活之间的畅通无阻，理论与实践之间，事体与情理之间，读书与明理之间，此事与彼事之间，身外之学与身同之学之间的通畅，这是化境的一个重要标志。

◎ 学习也是如此，就一学一，背诵式地学，这是一般地学习，举一反三，由此及彼，在学习中掌握学习与学问的规律，摸住了学习与学问的脾气，于是一通百通，事半功倍，云开雾散，一片天光，明明白白，这叫悟性。

◎ 一个人只要专心学习，努力工作，真实诚信，与人为善，平等待人，健康向上，群众关系人际关系自然能好，一时有问题受误解也不过是小小插曲小小过门。关系是副产品，是派生出来的东西，是自然而然的东西。对待关系宁肯失之糊涂失之疏忽，也不要失之精明失之算盘太清太细。

◎ 快乐不快乐，是学好没学好的一个标志；快乐不快乐，是学有收获学无收获的一个标志。

◎ 所有的学习，所有的读书，所有的作业，最终是为了对我们的世界，我们的人生有所发现，有所感悟。看了那么多的书，最快乐的是什么呢？就是通过这些书，对自己人生有了新的发现。

◎ 学习给了我生计；学习给了我头脑；学习给了我感觉——对世界的感觉；学习给了我感情。

◎ 学习造就了你的眼睛，造就了你的神经，造就了你的智慧。

◎ 学习是一种快乐，是人生最美好的事。

◎ 超前读书，加码读书：当你的理解达到这个书的百分之三十到四十的时候就要读，不要去读那些你感到没有丝毫困难的书。

◎ 要爱书，然后要疑书。如果读书而不疑书，我觉得不是真爱书，越爱的书你才会去疑。

◎ 疑书其实就是疑己。为什么说是疑己呢？就是你读书的时候抱着一种认真的心情，你要用你自己的一些经验，你自己的知识结构，用你自己知识积累，简单地说是用你的数据库，去接受新的信息，看是信息有问题还是你的数据库有问题，所以不但要爱书，要释书，要疑书。

◎ 要疑书，还要疑己。就是通过读书来更新自己的知识结构，不断地丰富自己的知识结构，疑书就是重视书，疑书就是认真读书，疑己就是重视自己的知识结构的不断地丰富和更新。

◎ 我觉得读书的一大乐趣在于，你读过的很多书就好像你去过的很多景点，如果做一个比喻的话，快乐在于在这许多景点中穿行，这种在各种书中穿行的快乐，而且在这种穿行当中你会有所发现，有所体会。

◎ 读书的时候要有一个广阔的视野，要有一个超越的感悟，要以世界作为书本的参考，参照系。

◎ 我是经验主义的读书方法。我读过的书远没有我经历的事多，所以我确实是不断地用我的经验来审度来核对书本上的知识。

◎ 经验和这个书本之间的互证和互相发现，这真是人生的一大快乐。

◎ 读书是一种生活化的，生活就是读书。因为社会就是一本书，世界就是一本书，大海也是一本书，又要生又要活，什么叫生？就是你不要随便接受既有的结论，你对任何命题任何说法，你都抱着一点生的感觉，和它商量、和它研究、和它讨论，去挖掘它、去引申它、也去补充它这叫生；什么叫活？就是不把它当作一个死的知识，而当作一个可以变成你的血肉、变成你的细胞，而且要变成你的聪明，读完这本书以后啊，比没读这本书之前聪明了一点点，我觉得这个真是人生的一大快乐。

文学艺术

◎ 文学，是不能按照月份来计算历史的。

◎ 在文艺问题上，存在着比较多的分歧看法、比较复杂的思想状况，这是可以理解的。大变动时期的互相矛盾的阶级意识，必然会反映到文艺思想上。认识上的各有短长，以及艺术风格、手法、趣味的不同都会造成不一致。文艺本身就是一种十分复杂的意识形态，任何伟大的理论，多半只能使"方向"取得一致，而不可能精确地概括文艺问题的各个方面，用逻辑思维来解释形象思维，是难以做到面面圆满的。

◎ 好的文学作品往往成为推动历史前进的一个能动的因素。它不是可有可无的、转瞬即逝的、消极被动的装饰品。

◎ 杰出的作家往往也是大思想家，他们有着那样智慧的头脑、敏锐的神经和沸腾的热情……他们常常做出正确的预言（自觉地或不自觉地），他们的作品常常成为历史运动的前兆。

◎ 文学作品贵在独创，没有比似曾相识和看头知尾的作品更倒胃口的了。

◎ 只有严肃而热情地面向生活、正视生活、有所发现、有所探索的作品，才能真正成为读者的精神力量的源泉。

◎ 照抄照转加图解式的作品，实际上是对人民的愚弄。

◎ 作家应该睁开眼睛，面向生活。

◎ 要把生活中真实的矛盾和冲突、试验和突破、痛苦和欢乐、激情与沉思告诉读者，把生活的辩证法，

把生活的经验、智慧和力量，把对真、善、美的追求和
信念传播给读者。

◎ 作家应该是一个有头脑的人，应该是一个思想
家，他不但要睁开眼睛看，还要用心想。

◎ 要使我们的作品充实、美化、提高人民的灵魂，
要沟通、温暖和润泽人们的心灵，要愉悦和抚慰人们。

◎ 文学是光明的，文学家的心也应该是光明的。

◎ 因为文学从生活中、从人民中汲取了足够的光
明，它才具有洞察黑暗、睥睨黑暗、照亮黑暗的力量。
它本身就是光明的化身，它应该成为火炬、成为明灯、
成为璀璨的珠贝、成为闪亮的星。

◎ 我们中国有一种"文字拜物教"。符箓、避讳、
"童言无忌"的帖子，就表现了这一点，似乎某些个词
和字是不祥的。这种文字崇拜或文字恐怖除了和历代的

文字狱有关外，恐怕也是一个文盲占多数的民族所特有的病态心理。

◎ 文学正是通过对于一个又一个的活人的命运、性格和感情的描写，直接打动了读者的心，引起了读者的共鸣、同情、赞叹、怜悯或者遗憾、鄙视、憎恶、愤怒，而这种感情的波澜又必然会引起读者的深沉的思索、分析、推理、判断，从而加深了、丰富了读者对社会或对某个社会问题的认识。很可能，正是一部作品的社会意义的大小决定了某个作品在某个时间和地点的成败。

◎ 一般地说，在革命的、动荡的年代，人们要求文学作品成为"炸弹"和"旗帜"，也可以说是要求文学更直接地去"干预生活"。而当一个社会处于比较稳定、比较正常的发展时期，人们就会更多地希冀文学作品对人的灵魂的感染。

◎ 文学的力量、文学的功能、文学的特长是在于它发自作家的心灵深处，它关心着、感受着、理解着和表现着许许多多人的命运和灵魂，从而打动着、潜移默化着千千万万读者的心，化为读者的内在的精神力量。

◎ 不管文学作品多么优美，不管作家多么可爱、可敬，离开了生活和人民就只剩下了零。

◎ 我不想"一条道走到黑"，不想在艺术形式上搞一元化，"定于一"。

◎ 忽视创作主体的作用就是忽视艺术规律。

◎ 文学艺术是创作主体的心智的伟大创造。

◎ 艺术家的想象来自生活、又是对生活的挑战和突破。生活哺育着艺术家，限制着艺术家，却又提示着种种的可能，使艺术家的心灵不仅得到充实和发展，也得到一次又一次、一个角度又一个角度、一种样式又一种样式的表现和发挥。

◎ 文学作品，无害便是有益。

◎ 文学是一种生命现象。……文学像生命一样，具有着孕育、出生、饥渴、消受、蓄积、活力、生长、发挥、兴奋、抑制、欢欣、痛苦、衰老、死亡的种种因子、种种特性、种种体验。这当中最核心的、占一种支配地位的、是一种窃称之为"积极的痛苦"的东西。

◎ 文坛上有一个鲁迅是非常伟大的事，如果有五十个鲁迅呢？我的天！

◎ 以文会友，文以清心。

◎ 正直的艺术是有免疫力的。

◎ 我们的文学艺术应该表达的是对人民的精神力量的呼唤，对共产主义理想的呼唤，对人们的历史责任感和社会责任感的呼唤，对庸人市侩的自暴自弃、麻木不仁、玩世不恭的低下的精神状态的劝戒、疏导和谴责。我们的每一件文学艺术作品，至少应该发出哪怕是火柴头一样大小的热和光。

◎ 文学的力量在于打动人心，在于震撼、激励、抚慰人的灵魂。好的文学作品是人民精神的火花，是智慧与热情的结晶。

◎ 童话可以极大地发展人的想象力与审美能力，好的童话往往流露着一种非凡的智慧、热情和对生活、对宇宙万物的新鲜感……好的童话确实是人类心灵的一种惊人的创造。

◎ 我以我血荐文学。

◎ 文学有它的力量所在。它的力量在于激动人心，打动人心，它的力量在人的心里边。

◎ 文学应该使人快乐，这种快乐不是指酒足饭饱的满足，而是更高的精神上的一种舒展，精神上的一种美化、一种升华。

◎ 一篇作品没有人表示失望和愤怒是非常乏味和寂寞的。如果每篇作品都得到赞赏也是乏味的。

◎ 我对写作从来就主张二元论，或者多元论，就是能多试验不同的形式，作为一种艺术上的探索，争取各式各样的读者。

◎ 搞创作的人来谈创作，"老王卖瓜，自卖自夸"是难免的，但是，"王麻子剪刀，只此一家"却要不得。

◎ 创作方面"党同"是可以的，"伐异"是不正确的。

◎ 小说是虚拟的生活。

◎ 一个搞创作的或者试图搞创作的人，应该善于在生活中发现有诗意的美的东西。

◎ 小说是生活的一种反映，又是生活的一种虚拟和假设，生活的一种补充，生活的一种深化、净化、强化，生活各因子的新的排列组合。

◎ 生活就好像土地，但是土地本身并不是一棵树，也不是一朵花。而我们的激情，我们的倾向，我们的想象，它就像阳光一样，只有有了想象这个阳光，在生活的土地里才能够发芽，才能够破土，然后才能长出一棵树，然后才能开花，然后才能结果。

◎ 探索人的精神世界的秘密，是文学（小说）的一个重要使命。

◎ 样板戏有个特点，就是把劲往天上使，不表现地上的生活。

◎ 生活就像飞机的跑道，而想象力就像是机翼，有了想象力这双翅膀，飞机才能飞起来。

◎ 现实主义的基本精神是来自生活，反映生活，为了生活。

◎ 对我们，文学与革命是不可分割的，文学召唤我们为了真善美去向虚伪、邪恶和丑陋抗争，文学召唤我们走向革命。革命点燃了我们的青春，充实了和照亮了我们的人生，启示我们拿起笔。

◎ 没有精神上的自由驰骋就没有文学。

◎ 真正好的作家应该有一种穿透生活的眼光，他的作品能够给人以启发。

◎ 只有严肃地进行文学创作才能得到自由的文学。

◎ 不要被众多的新名词吓住。

◎ 文学艺术是人类心灵追求自由的表现。

◎ 离开了中国的历史、社会、群众、文化心理，就不可能真正被中国读者所接受，也不可能有真正的创造性。

◎ 搞文学的人一定要努力地生活在非文学的生活环境里，如果，周围都是文学的话，有时是一种危险，如果只能从文学到文学，那么文学就要枯萎，就要真的"腻歪"起来了。这不但影响文学，也影响自己的身心健康。

◎ 文学承担了过重的使命感和任务感，反而使文学不能成为文学，使命不能成为使命，而且使得作家的生活太苦，愈是把作家捧得高，作家的日子愈是难过。

◎ 艺术比奖金崇高百倍。

◎ 艺术的品格在于心灵的自由。

◎ 文学本来就是心灵的游戏。

◎ 我希望我们的文学多一点游戏性，少一点情绪性或者表态性。

◎ 小说从一开始就充满了世俗性。

◎ 真正的艺术（有时还包括学术）是具备一种"免疫力"的，它带来忧愁也带来慰安与超脱，它带来热烈也带来清明与矜持，它带来冷峻也带来宽解与慈和，它带来牢骚也带来微笑，带来悲苦也带来信念，带来热闹也带来孤独，带来柔弱也带来坚韧，带来误解、歪曲、诽谤也带来永远的关注与共鸣。

◎ 爱文学的人才有可能真正懂得文学。

◎ 文学正是生活与奋斗的产物，正是热情与痛苦、深思与挺立的产物，好文章都是带着泪、流着血、带着一颗赤心写下来的。

◎ 正像在艺术的一个较高的境界，诗、画、小说、音乐是可以相通的一样，在感情的一个较高的境界里，眼泪、欢笑、向往、怀恋、伤感、温柔和永远生动的憧憬，也应该是相通的吧？

◎ 追求艺术是一种幸福、一种恩典，也是一种悲哀、一种疾患。

◎ 文学是民族和群体以及个体的记忆的一部分，没有这种郑重的文学，人会变成失却记忆者。往事是今天的一个根，一个原素，只有趋时的无可救药者才只把目光投向眼前的浅层次肥皂泡。

◎ 就像活的细胞总是要分裂一样，艺术探索也是一种分裂——发展，他是他自己，又是新的非我。

◎ 一个作家就是一个局限，同时又是一种探索，一种突破局限的势头，也可以说是局限与反局限的统一。一种风格也是这样，唯其有局限才有风格，唯其不断地努力突破局限才有新意、有创造、有生命、有发展，才不会僵死，不会令读者初而喜、继而倦、终而厌。

◎ 文明的进展与某种特定意义上的人的自身的退化，这是一个世界性的文学主题。

◎ 越是现代化就越是需要文学的补充和挑战。

◎ 文体是个性的外化。文体是艺术魅力的冲击。文体是审美愉悦的最初的源泉。文体使文学成为文学。文体使文学与非文学得以区分。正像仪表对于一个人并非无关紧要一样，文体对于文学也是不能掉以轻心的。

◎ 艺术是人类精神的最绚丽的花朵，是人生一世的最巅峰的灵魂体验。

◎ 妙喻是承载思想的舟。

◎ 我从来都是怀着敬服与神往的态度来看童话的，

我相信写童话的人——例如安徒生和我国当代作家宗璞——都有着儿童的眼睛、哲学家的头脑、诗人的心，更有着安琪儿的翅膀。

◎ 当人类变得愈来愈事务化；当贪欲得到技术的支持；当争斗发展了人类的智慧而智慧又发展了人类的争斗，使斗争达到毁灭自身的边缘；当生活变得愈来愈匆忙，匆忙得似乎忘记了生活；当浅薄、迎合、刺激、猎奇的油彩差不多淹没了艺术的真容；诗能帮助我们吗？诗能拯救现代人的灵魂吗？

◎ 音乐是一切艺术的本质与灵魂。

◎ 好的小说……对作家来说也好，对读者来说也好，都是一个先验的存在。

◎ 最好的小说，都是最逼近宇宙本体的小说。你在这个小说里体会到的是整个世界。不仅仅是人的世界，也是天的世界。

◎ 文学……就是虚拟地让你更多地体验一下人生。

◎ 文学家应该用自己的心来照耀世界，来照耀读者，使在黑暗中摸索的读者寻找到自己的前途，自己的出路。

◎ 写小说永远要有一种挑战，对既有的规范、既有的模式的挑战。

◎ 文学是一个更深层次的构架，就是它构架于精神，甚至于构架于一个民族。

◎ 一个好的作家既不应该回避历史事件前进的正义性、必然性及它的动机、理念的伟大性，也不应该回避历史前进中付出的种种代价、错误和悲剧。

◎ 文学上，我不赞成搞绝对化。

◎ 我非常理解王朔的一些玩笑，王朔的玩笑是个出气孔，它能让人透点气，没什么不好。

◎ 文学在本质上是业余的，是一个真实、充实、坚实的人生的副产品，是真正的爱情、奋斗、探求的副产品。

◎ 看已发表的作品更像是一棵树看自己的落叶，伤感与遗憾大大多于牛皮和自恋。

◎ 一个伟大的作家往往需要人格、智慧、感觉，如果再加上一个条件就是经验，他的遭际。

◎ 鲁迅的意义不是纯文学的，鲁迅作为一个启蒙主义思想家、革命家的伟大甚至超过文学家。

◎ 我老觉得文学有一种境界，到了这一境界，这一切都忘了，你不会想到语言、想到技巧，不会想到结构，不会想到什么现代感，也不会想到深度，而到了那样迸发的时候好像只剩下作家赤裸的灵魂赤裸的心，和读者赤裸的灵魂和赤裸的心，这样一种冲撞、搏斗，或者这样一种拥抱。

◎ 可能是我想得过于简单，我总觉得，那些文学的争论，不过是属于瞎子摸象的争论，摸到尾巴的人说像绳子，摸到身体的人说像墙，摸到耳朵的说像蒲扇……实际上，文学是由几方面的东西构成的，都是不可缺的。

◎ 对先锋这一类的东西不要急于作结论，还是要让它在创作和被接受的过程中受考验，让我们读者、听众、观众慢慢地来选择它们。

◎ 一个作家在写作的时候所能做的，就在于把他能感受到、能体会到的东西，或自己的经验中接触到的东西提供出来，至于他提供的这些东西有多大范围的影响，在判断上有多大的价值，讲老实话作家自己也没有多大把握。如果让一个作家来解决社会上还没有解决的问题，那对作家来说这个分量就太重了，背不起这个分量。

◎ 如果文学开始边缘一点，没什么不好，因为文学本身并不能决定国家的命运，也不能决定经济建设的成败，文学提供给人的是一种精神上的营养和娱乐，如果这个国家有许多好的文学作品，使人们从中得到道德上、审美上、知识上的一些好处，那作家就已经做出了自己很好的贡献。

◎ 不管怎样，丰富多样的文学是好的。生活里有的，要反映它，生活里没有的，就在作品用想象力补充它。这是文学的两种功能。两种都承认，就是好的，只承认一种，就不好了。

◎ 中国曾经非常重视文学，那是和革命的意识形态的要求有关。我们知道，中国共产党是通过发动人民进行革命来取得政权，而在启发、发动人民这方面，文学的作用非常大。所以到革命胜利以后，文学就成为意识形态上一根最敏感的神经。

◎ 我倒想为"玩文学"辩护一下。就是不能把文学里"玩"的因素完全去掉。人们在郁闷的时候,通过一种形式甚至很讲究的形式,或者很精巧、很宏大、很自由的形式来表达自己的郁闷,是有一种自我安慰的作用,甚至游戏的作用。过去很多中国人讲"聊以自娱",写作的人有自娱的因素,有多大还可以再说,至于读文学的人有自娱的因素更加难以否认。也就是你我都有"玩文学"的因素,但是完全把文学看成"玩"会令许多人通不过的。

◎ 文学是一种开放的东西,而不是封闭的,但文学仍然有它的核心,这个核心是非常难说的,如果我们只承认开放的一面,就等于承认一切都是文学。

◎ 非具体实用性还应该是文学的特征。

◎ 人们对艺术的追求是包含着一种永恒的向往。

◎ 拖拉机比马有用,但马比拖拉机可爱,小马比大马没有用,但小马比大马可爱,儿童最可爱,但推动历史发展生产力的责任不可能在儿童身上。

◎ 一个作品的好坏并不决定于你的旗号，即令打出最最时髦的旗号，搞出的作品也可能是很保守、狭隘、拙劣的。读者不在乎你是不是老牌现实主义或者是新牌现实主义，读者要看你的货色。在作品——真货色面前，一切旗号都会隐没。

◎ 对于多数作家来说，能够通晓一种汉语以外的语言，对他绝对有好处，使他多一个参照系，多一双眼睛，多一对耳朵，多一个舌头。

◎ 过分关心走向世界，实际是长期封闭之后的一种自卑心态的表现。当你仰视世界、仰视诺贝尔奖金、仰视外国读者的时候，你的作品永远不会赢得他们。

◎ 人生的真味，艺术家的心灵，艺术家的天才远比观念更重要，文学毕竟不是哲学。

◎ 语言和文字也像一个精灵一样，写那种含情脉脉的作品好像与精灵手挽手在草地上或黄昏花园的小径上漫步。而到了"满不论"的时候就有点"胡抡"了，就像拿一个绳子拴一个重物，然后把它抡起来，抡起来就有一个危险，就是抡的这个东西会把你带走，使你的主体性失去了，和精灵赛跑了，甚至于像断了线的风筝一样，不知被牵引到什么地方去了。

◎ 文学可能需要这些意识（如启蒙意识、创新意识、题材意识、技巧意识），文学可能更需要贯穿、穿破、超越乃至打乱所有这些"意识"，而只剩下真情，只剩下活生生的生命，只剩下智慧和人格力量。

◎ 一个有着丰富的人生经验的非常博大深邃的胸襟的作家，他写出的哪怕是最无意义的故事、最普通的生活，往往凝结着他更深刻的情感、智慧、灵魂。

◎ 某些时候我们可以说没有旁观、没有观照就没有审美，一点也拉不开距离的时候，就不可能审美。

总是处在紧张的状态，忙碌的状态，一种利害关系跟你非常深的状态，就没有审美。

◎ 文学有世俗的魅力，但它也有精神乌托邦的魅力，有一种高高在云端的魅力，有一种象牙之塔的魅力。

◎ 我觉得短篇靠的是三样东西，一是机智，短篇本身是机智的产物，没有机智，从那么丰富的生活和经验里不可能撷取一个点。第二靠的是诗情，上次我和你说过，就是把短篇小说和诗放在一起。第三靠的是技巧，剪裁的技巧。在短篇里，技巧的作用特别大，而且短篇特别适合艺术的探索。长篇最主要靠的是经验，也就是说生活。

◎ 幽默的人，特别是深度幽默的人需要很多智慧。但作为一部长篇小说，幽默太多了是不行的，人们要把长篇小说的幽默掀起来，看看幽默后面的东西，就是要把技巧掀起来，看看技巧下面的东西。长篇小说，用北京人的话说叫要有更多的干货，有更多的人生最真切的经验和体验，而在这种经验和体验中，幽默所能起的润滑作用远远不像在短篇里中篇里。

◎ 中短篇小说可以是我的诗情、我的思索、我的愤怒、我的嘲笑、我的遗憾，也有我的敏锐、我的技巧，但长篇小说是我的生命、我的血肉。

◎ 咀嚼作品需要读者的牙齿，厨师把馒头蒸硬了，应该检讨，不过，再好的厨师也不能造出牙齿来。

◎ 写小说最容易流露出心灵深处的东西。

◎ 写在纸上的东西，也许其丰富多彩不及活生生的生活的千百分之一，然而它是热情的结晶、是生活的光泽、是青春的印迹，它比生活事件本身更永久，比生活事件本身更能为千万人所了解，它是心灵的历久不变、行远不衰的唯一的信息。

◎ 文学应该成为驱散黑暗的一股清风，成为催醒百花、唤来燕子和百灵的一股春风。

◎ 文学与革命是天生地一致的和不可分割的……文学是革命的脉搏、革命的信号、革命的良心，而革命是文学的主导、文学的灵魂、文学的源泉。

◎ 最好的技巧和手法，应该是让读者和作者本人完全忘掉了世界上还有技巧和手法一说。

◎ 文无定法，无法之法是为法也。

◎ 什么是小说感？既执着又超脱，津津有味而又有韵外之韵。

◎ 我不喜欢把自己变成风格的奴隶。我喜欢拳打脚踢，翻跟头竖直溜，出人意外。

◎ 作家的品格，还包括着作家的那颗火热的、敏感的、深沉的心。它应该是火热的，才能用自己心灵的火焰点燃起读者心灵的火，也许它表面上很冷静，表达上很含蓄，但它的内层是火，不会是冰。

◎ 创作乃是心灵的搏动与倾吐。

◎ 专门崇拜某一种手法是没有多大意义的，任何高明的手法也无法弥补形象的贫乏、经验的不足、思想的苍白、感情的浅陋、内心的空虚。正像不论用什么先进技法，也无法帮助一个体质上、意志上、训练上有缺陷的运动员取胜。事实恰恰相反，倒是一个体质上、意志上、训练上有良好的准备的运动员，可以更好地运用各种技法，发挥各种技法的可能性，创造新的技法，或者化腐朽为神奇，使某一种被轻视、被抛弃的技法复活，起死回生。

◎ 创作是一种燃烧。

◎ 简练是才能的姐妹。

◎ 艺术也是一座桥梁，连结着人们的渺小的躯体与无穷的热情、无穷的世界和天空、无穷的历史。

◎ 艺术是伸出来的手。向着永恒，向着无穷。

◎ 拙劣的文艺评论好像是饭馆里的多余的解说。

◎ 喜剧既是嘲弄又是辩护。既是嘲弄别人也是嘲弄自己。既犀利尖刻又宽厚慈悲。既骄傲自信又谦逊克己。是机智的笑，又是赞叹的笑，是开怀的笑，又是会心的笑。

◎ 喜剧精神是一种自我批评的精神。是一种健康的反省精神。

◎ 只有人类的历史没有终结，一切创造性的活动就都具有实验性。

◎ 世相便是好文章。

◎ 生活中的伪崇高伪完美包括个人迷信，实是产生调侃的温床。

◎ 调侃是一种发泄。这种发泄带有一定的挑战性。它可能撕下了皇帝的新衣，撕下了伪君子的假面，捅破花花哨哨的肥皂泡，还装腔作势以卑鄙丑陋原型。……文学调侃的盛行本身就是假大空和拉大旗作虎皮的反拨。假大空与调侃真是一对活宝，二者相反相成，相生相克。调侃是治疗假大空的浮肿的一剂良药、凉药、泻药，良药苦口利于病，调侃实是假大空的克星，是一切伪劣产品的克星。

◎ 建设的文艺有建设文艺的特点。战争文艺与建设文艺相比，前者似乎更悲壮、更集中统一、更简单明了也更富有理想主义、信仰主义、牺牲精神与高屋建瓴、压倒一切的气概。

◎ 苏联文学的影响可能比苏联这个国家的影响更长远。

◎ 中国的文学理论长久以来是闻"人"而疑，闻"人"而惊而怒。

◎ 文学是缺陷、是遗憾、是可望而不可得的焦首煎心产物、是梦的近邻。

◎ 考虑有没有读者总比考虑写完发出来一篇作品会不会因此被扣上什么政治帽子好得多。

◎ 标新立异的目的并不是永远标新立异。标新立异的目的无非是为了开拓，为了从更新鲜处更细微处从更深潜处更开阔处表现人和人生，是为了笔的进一步解放和心灵的进一步自由。第一个吃螃蟹的人是先锋，然而这个先锋的目的不是为了永远独吃螃蟹，不是为了自秘，而是为了大家同享美味。

◎ 真正的学问或者艺术是有"免疫力"的。

◎ 与其说人文精神是一种反世俗的高扬的神哲圣

贤的精神，不如说它是一种珍惜人的生命、珍惜此岸而不仅是彼岸的生活的一切具体而微的美好方面——例如一条美丽的毛围巾——的精神。

◎ 小说之所以是小说，正因为它说了很多却又没有直接发言，它提供的不是一个简约化了的主张，而是一种真实的和假设的生活。

◎ 没有爱的批评是隔膜的批评，没有批评的爱是愚蠢的爱，没有理解的嘲笑是刻薄，没有嘲笑的理解是呆板，没有游戏的人生和文学是恐怖主义，没有虔诚的人生和文学是肿瘤，没有珍重的超越是轻浮，没有超越的回忆是弱智，没有过程乃至艰深的过程的明白是幼稚，没有被误解过的作品往往是平常的作品。

◎ 从无到有又从有到无，筵席从聚到散，是人生悲剧的基本形式，亦是艺术悲剧的基本模式。

◎ 面向生活，面向群众，面向民间，似可通经络，可调寒热，可免积食成痞，可防中虚受风。

◎ "真诗"有一种超越解释学的穿透与征服力量。

◎ 旧体诗的特点是以无胜有与以少胜多。

◎ 好的诗词是永远的润泽。

◎ 伟大的作家与一般学问家不同，他不仅是修养训练的产物，更是他的全部天赋、他的全部智慧、心灵、人格、情感、经验……他的每一根神经纤维和全身血液的总体合成。

◎ 在艺术模式与欣赏习惯的问题上，有专门知识或专业训练的人比非专业人员有时候似乎更难接受新潮新花样，盖专门知识与专业训练越多，往往规范性越强、越难于接受另一种模式也。

◎ 思想比较丰富的人语言才能丰富，思想比较深沉的人语言才会深沉，思路比较灵活的人语言才好灵活。

◎ 人们期待于艺术的是生活，是宇宙的展示，是灵魂的自白与拷问，是人类的良心、智慧、痛苦和梦幻的大火。

◎ 文学是一种特殊的记忆形式。文学就是怀念，文学就是复苏，文学就是青春，文学就是人生的滋味，文学就是余音绕梁三日不绝，文学就是生命所剩余的一切。

◎ 文学是有为更是无为，文学是有为的无为，无为的有为。

◎ 文学是一种欢乐。文学是一种疾病。文学是一种手段。文学是一种交际。文学是一种浪漫。文学是一种冒险。文学是一种休息。文学是上帝。文学是奴婢。文学是天使。文学是娼妓。文学是鲜艳的花朵。文学是一剂不治病的药。文学是一锅稀粥。文学什么都是也什么都不是。

◎ 禅意实无意，尴尬即文章。

◎ 修辞能使很多事情甚至于发生本质的变化，从野蛮到文明，从野兽到文明的人，可以有很大的变化，不过我们往宽里说的话，很多事情就是一种修辞。

◎ 儿童文学最动人的东西是写人和人之间，表现人和人之间、人和自然之间、人和物之间的，那种比较美好的、比较亲近的、比较爱怜的一种亲情。

◎ 自树样板或树样板，都是蠢事。

音乐

◎ 美与不美是一个人一群人发展程度的一个最直观的标志。

◎ 听传统的乐曲好像在流水里洗澡。……而现代派的乐曲呢，恰如洗一个立体淋浴，喷头(不如说是"水枪")来自四面八方。

◎ 我喜欢音乐，离不开音乐。音乐是我的生活的一部分，我的生命的一部分，我的作品的一部分。

◎ 好歌，进步的歌，健康的、纯朴的歌，永远只属于人民，属于新兴的阶级而不属于行将就木的反动派。

◎ 听音乐是给灵魂洗澡，使人净化。

◎ 没有音乐的生活是不完全的生活，不爱音乐的人也算不上完全的爱着生活的人。

文化

◎ 不要搞精神价值的定于一与排他性。

◎ 老子是深刻的，太深刻了就令人觉得冰冷，而且高明得迹近狐狸。于是老子很容易被认为是阴谋家。其实真正的阴谋家是只有术而没有道的。

◎ 孔子是太正确了。正确得好像脱离了肉体凡胎。所以孔子很容易被认为是巧伪人直到被认为是人性的刽子手。真正的思想家道德家都是寂寞的，即使被封成了万世师表也罢。

◎ 文化的多样使世界变得丰富多彩，使一个民族得到尊严，甚至使一个国家得到凝聚。这叫"文化爱国主义"。

◎ 对我们国家的建设，对我们国家的形象，除了经济的眼光，显然还应有文化的眼光。文化是我们的强项，文化是我们的优势，文化是我们的形象，文化是我们的力量。

◎ 中华文化是我们最广泛地团结中国人民乃至全球华人的一面旗帜，是我们综合国力的一部分。

◎ 中国人没有统一的宗教信仰，但是有概念崇拜。

◎ 对文化问题不应用简单的意识形态二分法来划分，因为文化本身体现长期的积累，包括生活方式和生活趣味，都是无法代替的，甚至比意识形态和社会体制的变化还要稳定。

◎ 文化的多元性是世界的丰富多彩的一个重要体现。

◎ 我们中国人对美的理解与教化是分不开的。

◎ 中国往往有一个悲哀，即排斥中间状态，不是烈士就是叛徒；不是绅士就是流氓；不是淑女就是娼妓。

◎ 救世主的心态可以对凡人、普通人做出很可怕事情来。这里有一种非常激烈的对立意识，与现存的世界和现实势不两立，甚至准备像耶稣一样被钉在十字架上。这既是一种救世主意识，也是一种烈士意识。

◎ 长期的批判啊、斗争啊，加之我们文化性格上的一些缺点，在人们当中形成一种乖戾之气，这是很可怕的。

◎ "媚俗"可能是不够好的，但是"媚伟"就是好的吗？假想一个伟大的、绝对的、高于人的生命、高于人类的利益、高于人们的正常生活的"绝对精神"，然后我们作出一个背十字架、高于凡人俗人老百姓的姿态。对此我很怀疑。在我们的知识分子当中，在我们的文化人当中除了"媚俗"的，有没有"媚伟"的？

◎ 相信事物有许多的变态和特殊状态，但是变态也是由常态变为特殊状态的，变态终归要回到常态上来。在大言与常识之间，我越来越愿意选择常识而不选择大言。当然对于许多新奇古怪的大言我也不轻易否定它，明智的办法是听一听先挂起来，慢慢地再研究。

◎ 近百年间，中国充满了动乱、分裂直至内战，造成这样一个不幸的局面的原因之一是中国传统文化面对西方列强和它们的优势文明，恐慌急躁、拒纳失据、缺乏整合与调节能力。中国文化必须适应现代化的要求，丰富、蜕变、创造，寻求新的活力。中华文化的前途问题已经与中华民族的生死存亡问题纠结在一起。

◎ 数千年来的特别是近百年来的历史已经证明，只有选择正确的文化战略才能以最小的代价实现中国的现代化，保持中国的稳定、繁荣、发展、进步，实现中国的民族振兴，并且对一个和平、发展、公正的世界做出应有的贡献。同时，世界各国特别是西方发达国家，也只有认真理解中国的文化性格、文化冲突、艰难的文化选择与中国文化的独特的活力与不可摧毁性，学会尊重中国的独一无二的文化，放弃以西方主流文化征服、同化、消解中国文化的文化霸权主义企图，才能正确地与有效地与中国打交道。

◎ 中华文化的性格只能是开放的而不是封闭的。

◎ 儒家学说首先不是人权的学说而是人的义务的学说。

◎ 语言、文字先于你对于世界的认识，它是帮助你认识世界的前导，……它像一个导游一样，一下子打开了你的眼睛，使你发现了世界、发现了自身、发现了欢乐、发现了悲哀、发现了高尚、发现了许许多多值得珍重的东西。

◎ 文化的消费呈金字塔形，高雅的是顶尖，高级，但数量不太多，大众（包括通俗与流行）是塔基，面很大，二者互相不能替代，不能以顶尖的标准去要求塔基，也不能以塔基的标准去要求顶尖，它们具备互补性。

◎ 中国的文化是世界上唯一没有中断的从古代就保留下来的文化，是目前以西方为基地的主流文化的一个最主要的参照系。

◎ 汉语和汉字是中国一个非常独特的创造。

◎ 没有汉字就没有中华民族，也没有中华民族的统一，也没有中华民族的文化。

◎ 泛道德化是中国文化里最根深蒂固的东西，它往往把人不必要地推向别无选择的可悲境地。

◎ 中国人的思维爱走极端，从根本上看，是生存环境太严峻且人口过剩所致，互相感到受威胁，于是为了开拓自己的生存空间，只好拼命排挤他人，这就造成非此即彼、非好即坏的判断习惯。

◎ 急于树旗，急于提出无所不包的概念，高度概括，否定异己，这是中国文人的老毛病。

◎ 中国的文化有煽情的一面，中国的许多问题是靠煽情解决，拼着一腔热血，拼着愚忠。结果是没有解决，夹生地解决，或者使事物走向反面。

◎ 所有活的文化都是充分利用开放和杂交的优势，在和异质文化的融合和碰撞当中发展的。

◎ 先锋文化进入大众文化首先需要一个时间过程，而决定这个过程长短的因素则很复杂，有时候先锋文化的出现正好与大众渴求艺术变革的心态相契合，那么它很快为大众所接受；反过来，智慧的孤独和冷寂也未必是一件坏事，一切都很正常。

◎ 尽管先锋文化在社会和大众那里的反响不一定会那么轰轰烈烈，有时候甚至是一种寂寞的宿命，但这些看似不太火爆的东西却绝对是一个健康的社会文化结构中所不可缺少和具有重要意义的。如果整个社会的文化统统是由那些娱乐性的文化快餐所构成，表面上看起来热热闹闹，骨子里却是肤浅与俗套，那才是真正的文化悲哀；另一方面，即使古典文化在社会文化构成中占据了主流，也不应该排斥先锋文化应有的地位和意义，否则很难说这样一种文化是富于活力的。

◎ 我觉得世俗化，包括通俗文化的发展，还是一个比较自然的发展过程，实际上有利于中国文化更健康地、多元化地发展。我不认为有特别值得焦虑和愤怒的必要。

◎ 中国文化只有在开放的过程中，才能获得新的生机，焕发出自己的光彩。

◎ 我提出建设文化大国的想法，除了"文化大国"四个字是重要的，"建设"两个字也是重要的。就是说不是靠斗争斗出一个文化大国来，而是靠全面的建设。

◎ 我觉得这个世界上的任何趋势都不是单向的，而是双向的。

◎ 生活永远大于概念。在没有弗洛伊德主义以前，人们早就有性意识、性心理。在没有现代主义以前，人们早就有荒谬感、孤独感、错乱感，这些东西是先验的存在的，而现代主义则是后来的。

◎ 不仅生活形象是激动人心的，人的理念活动同样是美的、神妙的、激动人心的。

◎ 我们要党同好异、党同喜异、党同求异。没有异就没有特殊性，就没有风格，就没有流派，就没有创造了。

◎ 许多年来不绝其生命力的与其说是文化传统不如说是无文化与非文化的传统，一些民间流行的文化观念与其说是证明了文化传统不如说是证明了无文化的传统。"拼一个够本儿拼俩赚一个""白刀子进，红刀子出"，

这些都有明显的破坏性，而居然也被社会所接受。后来
又发展成"活着干死了算"，一副亡命徒相。"马无夜草
不肥，人无外财不富""量小非君子，无毒不丈夫"，压
根儿就非法理非道德非一切行为规范，如今又成了一批
无文化而有"商品意识"的人的信条。所以"上有政策
下有对策"，所以"不打勤的不打懒的单打没眼的"，反
文化一直比文化还要行时。当然也有另一面的"好死不
如赖活着""一忍百了""比上不足比下有余"，这些不
见经传而至今活着的"箴言"，究竟应该算传统文化还
是传统无文化呢？这种破坏性、冒险性、讹诈性与奴隶
性，这种敌视文化的特性，终于愈演愈烈酿成了一场史
无前例的"文化大革命"。

◎ 历史只有一个。不同的人的心目中却有不同的、
至少是不尽相同的历史，于是就有了许多个版本的历史
了。……知道一点历史的不同版本，似乎比只知道一个
版本更能了解人、了解生活、了解历史。

◎ 三国时期的英雄们，其实是拿老百姓当垫脚石

当工具当牺牲品的英雄。

◎ 极端主义是极其虚弱的，任何幽默或者人情味都令他们恐惧和丧失信心。

◎ 对人类文明所创造的一切文化成果采取一种爱护、发掘、吸收、探讨的态度，不能用爆破的方式去对待。

◎ 我们的心灵上积蓄着过多的古代和中世纪的尘垢，几千年的封建制度的因袭的重担还在压着我们的身心。崇拜权势、人身依附，随波逐流，明哲保身，大智若愚、难得糊涂，委曲求全、苟安求活，自我麻醉、阿Q精神，逢人只说三分话、未可全抛一片心，君要臣死臣不敢不死、父要子亡子不得不亡……乌烟瘴气，五花八门。

◎ 红卫兵意识的核心是破坏意识，是政治或业务领域中的胡作非为乃至流氓意识，是抹去一切突出自家意识。

◎ 全世界再没有什么人像中国人这么灵活，中国人在没有办法的地方一定能找出办法来！

◎ 人们宁愿相信像挤牙膏一样挤出来的简单词句，却不愿意听取行云流水的连珠妙语——后者未免太容易，成本太低，自然轻薄。这种神奇的思路与中华文化的扬德抑才、大智若愚直至反智弃智的价值传统有关。

◎ 一个名词，一种思想，一出色就胜利，一胜利就普及，一普及就通俗，一通俗就简单化，然后是粗鄙化教条化，然后就歪曲走样，各执一词，打着同样的旗号相互争一个头破血流，互喷狗血，最后只能令人厌恶。

◎ 我们大可以增强对于中华文化、汉字文化的自信，以海纳百川、开阔明朗的心态对待文化的开放与交流，而决不是鼠目寸光，抱残守缺，也不是民族虚无主义与全盘西化。

◎ 一定意义上也可以说语言和劳动一起创造了人，人创造了语言，语言反过来又创造了人。

◎ 一个没有语言没有文化的人，一个失去了自己的语言和自己的文字的民族是最可悲的。

◎ 汉字有美好的一方面，优点很多，比如说好看，它的字都有生命力，都有一种灵性，甚至于我认为汉字有一种神性。

◎ 我们中国人爱说大话、豪言壮语的毛病，这些东西都和诗言志有关。

◎ 中国的诗词是我们整个民族的精神大树，你的一首诗一首词只是这棵树上的一个叶子或者是一朵花或者是一个小枝，所以如果你不熟悉这棵大树，你写出来的东西和这棵大树就不匹配。

◎ 中国的传统文化有极大的独特性和存在价值。但是相当一段历史时期中华文化缺少自然科学的长足发展，缺少一套实证方法，又缺少严整的逻辑规则，乃是不争的事实。

◎ 哲学，社会科学，人文科学的治学与教学受到意识形态领域斗争频仍、动荡不已的影响，长期以来，积累了许多"瓶颈"式的难题。如果说新中国成立以来的历史当中，存在着某种实际上的重理（工）的倾向，也是事实。而在意识形态上的激进主义得到了相当程度的克制之后，商业上的急功近利、恶性与违规炒作，再加上海内外各种非学理力量的运作，大大地威胁着正常的人文学科发展与面貌。

◎ 认为精神应该是一种科学的精神即一种实事求是的精神而不是造神的精神，不是盲目的自我作古的精神，不是诈唬吓人的态度。

◎ （自然）科学与人文，只能双赢，不能零和。

◎ 科学的成就往往使胆小者保守者自以为是者们精神崩溃。

◎ 在这种关切人生，关切世界，在发现这个世界而且在寻找创意寻找智慧这一点上文学家是科学家最好的朋友，科学家是文学家最好的老师。

国家　家族
民族　社会

◎ 如果一个社会动辄可以被一篇小说一篇特写一个文学口号所激动所"煽动"起来，只能说明这个社会的运行机制特别是言论与决策状况不大健全、不大顺畅，说明这个社会的人心不稳，思想不稳，处于动荡之中或动荡前夕。反过来说，如果一个社会的许多成员只是为了解闷儿而读文学作品，冷落了一些救世型的思想家与惊世玩世型的艺术家的巨作，也并非完全可悲。

◎ 开放的结果会使人们见怪不怪。封闭的结果当然是少见多怪，大惊小怪。开放环境中的人比封闭环境中人更不易激动。

◎ 应该承认人文精神的多元性与多层、多面性。

◎ 人文精神应该承认人的差别而又承认人的平等，承认人的力量也承认人的弱点，尊重少数的"巨人"，也承认大多数的合理的哪怕是平庸的要求。

◎ 富裕不能自发地等同于文明，……富裕不仅不是文明的羁绊，而且还是文明的果实，至少是果实之一种。

◎ 二十世纪的一大遗产正是理想主义的碰壁。

◎ 什么都"后"（后现代之类——编者注）起来就是一种可怕的成熟。"后"多了人们会复归去追求"前"，"前"有时候可笑，然而是有魅力的。"后"是太疲惫了，而"前"津津有味，许多许多还没有开始呢。

◎ 正面地说，二极对立的思维模式使人心明眼亮，一步一个脚印，活得充实，死得崇高。负面地说，二极对立的思维模式是极端主义、文化专制主义的一个方法论根源。

◎ 抵制旧的结果是抵制了新，求新的结果是呼唤来了旧……二十世纪常常发生的想要走入这间房子偏偏走到了那间房子的现象肯定还会屡屡发生，自己与自己作对自己把自己绕进去的事情肯定还会屡屡发生。

◎ 最好的信念，如果带有排他的极端主义色彩（我们这里常常美化地称之为"彻底"），也一定会通向文化专制主义。愈是自认为伟大崇高，这种专制主义就愈厉害。

◎ 一个国家生活愈正常气氛愈祥和作家就会愈多写些一点日常生活，多写一点和平温馨，多写一点闲暇趣味。到了人人蔑视日常生活，文学拒绝日常生活，作品都在呼风唤雨，作家都在声色俱厉，人人都在气冲霄汉歌冲云天肝胆俱裂刺刀见红的时候，这个国家只怕是又大大的不太平了。

◎ 人文精神与其说是一种理论思潮，不如说是一种道德情操，这种道德情操定能够体现到一个人的一言

一行中而不只是一面高高飘扬的旗帜，更不是一根不准
讨论的大棒。

◎ 百家争鸣的结果常常是三十家胡说八道，五十
家跟着起哄，十几家简单片面，然后有几家真知灼
见——这就很不错了。

◎ 强烈的排他性，是褊狭意识形态的一大特色。

◎ 经济建设、文化建设很少能够像飞机一样，或
像鸟一样的在天上飞，还是要在地上行。

◎ 假洋鬼子从来在中国是不受欢迎的。

◎ 中国的魅力很大程度上在于她的文化。

◎ 中国是一个文化大国，是一个社会主义的东方
文化大国。这是当今世界以欧洲为源头的文化潮流的最
重要的参照系。至少是最重要的参照系之一。

◎ 中国独特的文化是中国存在的依据。

◎ 革命的结果究竟是让人们更多地过常态的生活呢，还是让人人都过非常态的生活呢？这本来不是一个深奥的问题。

◎ 只有大道，客观规律之道，历史发展之道，为文为人之道，才能真正解决问题。

◎ 中国人人和人斗的心眼太多了，有的人斗心眼成了乐趣，这很可怕。

◎ 毛泽东思想是马克思主义和中国文化的结合。

◎ 中国自古是重大道而轻小术即轻技艺的。

◎ 一种健康的幽默感不但是人们心情舒畅的吉兆，而且是安定团结的政治局面正在巩固和发展的吉兆，也是人们的文化生活愈来愈丰富多彩的吉兆。

◎ 中国最与众不同的也是最骄傲的，在于她是目前世界上唯一的一个绵延五千年而从未中断其历史的文明古国，是从未中断其文化传承（固然中间有很多曲折乃至劫难）的现实存在。

◎ 中国就是一部大书，最感人最有味道的书，用热血和热泪，用牺牲和奋斗，用无数记忆和深思写下的书。

◎ 一个不再能出现美丽的童话的民族是可悲的民族，一个不再能出现美好的童话的人类是可悲的人类，一个不再能因了独到优美的童话而欣悦而落泪的灵魂是可悲的灵魂。

◎ 历史的想象力常常会高于小说家的想象力。

◎ 生活总是包含着矛盾的，把它看得那样轻松，固然是不忠实的；把哀嚎当做时髦，也不是忠实的。我们看自己的民族、自己的国家，都应该一分为二。妄自尊大，认为我们的最高最活，那固然是可笑的、愚蠢的；反过来，认为中国什么都不行，当个中国人倒霉，不仅是不符合实际的，也是不道德的。

◎ 什么东西只知道有自己这么一个民族，认为一切生活习惯、交际方式、思维和表达的路子只有独一无二的一种，而且是天经地义的、不可改变的，这就是民族自我中心主义了。世界上民族多得很，姑且不提外国，就是本国也有许多不同的民族，他们各有特点，各有所长，都是很可爱的。

◎ 当我们站在国家的以至全世界的文化发展的高峰的时候，回过头来，来把握一个民族、来探索一个民族的心灵、来感受一个民族的脉搏，我们会发现其中一些非常可贵的东西，一些对于全人类来说都是非常有意义的东西。

◎ 真正好的东西，都既是属于一个民族的，又是属于祖国、属于世界的。……任何一个民族的传统，不变化就不能够保持，不变化就不能延续与发扬。凡是固步自封的那种所谓民族文化，到头来只能被历史和生活所淘汰。

◎ 中国的民族性格是很有意思的，一方面有很大保守性，很多东西是几千年形成的；另一方面又有很强的应变能力，也能吸收新鲜事物。所以形成了一个很特殊的现象：第一是中国是最古老的国家，第二是古老的文明国家现在还能保持自己强大的体系的就剩中国了。

◎ 自鸦片战争到现在一百五十多年过去了，一个重要的经验就是仅仅有变革的愿望和激烈的实践并不能解决国计民生的许多问题，需要的是做大量的脚踏实地的工作，需要循序渐进的积累。生产力发展总是一步一步去完成的，文化教育的普及和提高也只能一步一步来做。

◎ 积我半个世纪的经验，靠分类、靠划类别、靠扣帽子是解决不了任何问题的。

◎ 我们的思想方法往往习惯于把对一个事物的价值判断转变成类属判断，我们先验地认为某种类属是好的，它就是好的；我们先验地认为另一种类属是不好的，它就是不好的。用类别判断来代替价值判断。……用分类代替价值判断使我们吃了很大的亏。

◎ 一个人应该珍惜自己的生命，一个人有活下去的权利，我们不应当总是制造那种不让人活下去的环境。

◎ 人可以越来越聪明，但不可以一点傻气也没有。

◎ 汉字是中华民族文化的根基，是中华民族凝聚与统一的重要因素。

◎ 中华民族的近、现代历史，其丰富性与悲剧性都是无与伦比的。

◎ 中国永远不可能全盘西化，过去不可能，现在不可能，将来也不可能。

◎ 说什么某篇作品可以"走向世界"，本身就是一种土包子心态（请原谅）。

◎ 以经济建设为中心，对"左"的政治、对历史唯心主义是一种最沉重的打击。

◎ "左"的基本要求是全民政治歇斯底里、全民斗争杀气腾腾。

◎ 对"左"要批评，但更主要的是消解。

◎ 市场对主观主义、唯意志论、长官意志是最大的消解。

◎ 人人唱卡拉 OK，总比人人唱语录歌好得多。

◎ 最刺激感官的东西从来未成大气候。

◎ 革命并不仅仅是一种浪漫激情的表现，革命碰到的是很现实的东西，中国的事也不是一次革命就能万事大吉的。

◎ 革命的最大好处和魅力是向千万人应许了一个全新的前景和希望。

◎ 在中国，能不能跳交际舞，这个反复的过程就是一部很厚的历史。

◎ 政治家是要付出代价、做出牺牲的，包括对于自己个性的牺牲。一个政治家不能按个人的情绪和兴趣办事。

◎ 我觉得《红楼梦》的可读性，它的价值很大程度上是由于它表现了我们中国的社会生活、家庭生活、感情生活直到官场上的人际关系极其微妙的运作机制和种种矛盾。

◎ 今天这样一个以经济建设为中心的和平发展时期，千万不要搞什么急风暴雨式的、大规模的阶级斗争、政治运动，千万不能再貌似革命地瞎折腾。各安其业，踏踏实实地把各方面的建设首先是经济建设搞上去，实在是当代中国的第一要务。

◎ 从政治化心理向商业化心理的转换，导致了一种相对可能的知识分子的自立。

◎ 我喜欢强调各安其业。以经济建设为中心，直接要求就是人们能各安其业，发挥可贵的敬业精神，用正面的、积极的、创造性的劳动推动实现国家发达、社会进步。而要做到这些，就必须杜绝那种全民政治歇斯底里的煽动，就必须从那种畸形的政治化心理中彻底解脱出来。商业化心理可能也会产生各种各样的流弊，但较之那种畸形的政治化心理，毕竟更接近、更符合建设精神。因此我说，从政治化心理向商业化心理的转换，是中国人文化心态中值得重视、值得研究、值得肯定、值得引导的一种变化。

◎ 我个人欢迎市场经济的发展，这种发展实际上使经济生活民主化，即消费者的态度对生产者起更大的作用，有利于民主的扩大。

◎ 中国一个很大的问题是泛政治化，搞文学是政治、拍电影是政治、外国人给你一个奖或不给你奖也是政治。泛政治化使人永远不能得知作品的好坏，不能比较公正地判断一个电影、一出戏或一部小说的价值，就像医生总是摸不准病人的脉一样。

◎ 中国的问题出在什么地方呢？我觉得中国一百年以来，就是通常我们所说的自鸦片战争以来，一方面是老的传统的体制在解体，另一方面是大家争着把最新的，把认为最进步的、最管用的思潮拿到中国来试验，包括民主主义思潮，民主与科学的口号，共产主义、马克思主义的思潮，还有现代主义、后现代主义的思潮。在精神上对中国来说有好几种参照系。

◎ 开放也好、言论自由也好，甚至于民主也好，并不能保证文学的质量。恰恰相反，开放和自由，首先是使低质量的东西大量涌现，并流行开来。如果你要求所有作品出来，都是最好的作品，要求所有言论出来，都是最负责任的，或等于真理的言论才能出炉，那等于取消言论的自由。

◎ 言论的自由必然带来言论的贬值，因为你可以随便说嘛。

◎ 互联网特别有助于人们心理的成熟，因为它可以让你接触到更多的信息，接触到不同的立场，不同的观念，这样人们自己判断和选择的机会和能力也会增加。

◎ 我对"走向世界"最不赞成的，最不赞成"走"字里面的迫切感，"走"字里面轻举妄动的感觉。一个真正伟大的作家应该有信心让世界走向他。

◎《红楼梦》是古老的封建中国的挽歌，又闪现着新的觉醒、新的要求的曙光，它是历史、是文献、是记录、是纪念碑也是宣告。

◎ 从长远和整体来说，谁也消灭不了人民，欺骗不了人民。人民是真正的强者和智者。

◎ 战争无周末。政治运动无周末。革命加拼命也少有周末。

◎ 一些伟人，如果生前能更有节奏感，能有空闲读读报纸的周末版，事情说不定会好一些。

◎ 愈是健康与自信的社会愈是会对文学（还有艺术）采取比较宽容的态度。

◎ 不知道是古代的传统还是新中国普及政治学习的功效，中国知识分子为大道理、为动辄的整体研究、宏观研究、关键所在付出的时间和精力是不是太多了？从古代就纠缠于治国平天下、君臣之义、有道无道、独善兼善、王道霸道之辩，有几个知识分子愿意去研究医药、烹调、酿酒、服装、农业机械、手工艺，即清代所极力贬低的天文地理言兵言术的奇技淫巧呢？这是否也是中国科学不发达的一个原因？只有混沌一团的大道，而没有分割成彼此独立的学科。无学科哪儿来的科学？

◎ 民间自有学问在，生活自有学问在。

◎ 一个国家、一个民族，落后了就会挨打，就会受到歧视，我们百余年来有着这方面的许多痛苦经验。我们痛恨那些对我伟大中华采取帝国主义的欺侮压迫态度的政府和个人，这些，我们都是正义的。正因为如此，我们更需要分辨什么是歧视，什么不是歧视。愈落后了愈容易过敏，过敏了就不利于改革开放了，这也是事实。

◎ 中国自古以来喜欢用文学语言和比喻手段讲政治、讲政策，反过来又喜欢用政治语言政策语言讲文艺，这也绝了。这就加浓了中国政治的感情性、气魄性、道德性与不确定性，同时也加重了中国文艺的政治性政策性尖锐性。

◎ 言论的多元化是与社会分工的明晰，法制的完备，行政指挥的有效性与抗干扰性，公众对待各种言论的司空见惯，见怪不怪，心理承受能力增加等等分不开的。

◎ 红卫兵的心态、红卫兵的模式的出现并不是偶然的，它与中国近百年来剧烈的民族斗争、阶级斗争有关。

◎ 民主不应该是一种破坏性的自发的力量，而是一种推动社会进步的建设的过程。

◎ 中国近百年来社会急剧变动，破的多立的少。辛亥革命把君主政治破了，五四运动把孔家店破了个不亦乐乎，无产阶级领导的人民民主革命推翻了压在中国人民头上的三座大山，把帝国主义、封建主义、官僚资本主义破了，通过反修把苏联也给破了，到了"文革"

就什么都破了，改革开放逐步发展，社会主义市场经济把计划经济又给破了。这里面多数破得非常合理或有合理的一面，体现了历史的巨大进步，完全应当肯定，但这样一路破下来在思想文化上造成的负面效果不可低估。

◎ 近百年的中国历史，近百年的中国人的命运是高度政治化意识形态化了的，近百年的中国人的命运主宰之神，差不多就是政治。

◎ 党所领导的人民大革命是二十世纪中国乃至世界的最伟大事件之一。革命的严峻、彻底、巨大，造就了革命队伍中的崇高无比的理想主义精神，自我牺牲精神，坚定炽烈毫不妥协的斗争精神和极严格的组织性纪律性，空前的集中统一大团结以及在俗人看来是不可思议的利他主义、禁欲主义、艰苦奋斗乃至苦行精神。

◎ 反世俗不要反过了头，这是五十年来全民族的一个重要经验。

◎ 知识分子的革命化正是中国人民革命的一大特点。

◎ 自然界的风和雨扑不灭我们的欢乐与信念，社会的风风雨雨同样也扑不灭我们的欢乐与信念。虽然在往后的年代里，在我们可爱的国家里也发生了一些令人惊愕、令人大惑不解以至令人痛心疾首的事情，虽然至今我们也许仍然有不少的牢骚和"气"，但是，当我们回忆起人们对新中国的热爱、希望和忠诚，当我们回忆起中国人民走过的光荣而艰巨的路程，当我们回忆起在我们年轻的时候、在我们的共和国年轻的时候，那盛大的游行和舞会、那阅兵和焰火，我们难道不为我们生逢其时而觉得骄傲和幸福吗？我们难道不坚信乌云终将散去吗？

◎ 历史的悲剧，民族的悲剧，不能仅仅用个别恶人的个人品质来解释，不是天降灾星。正像历史的丰功，民族的节日，不能仅仅归功个别伟人，不是天降救世主。

◎ 我们曾经迷信。迷信旗号、权威、革命的口号和词句，却不尊重事实，不倾听实践的声音。我们有时候在事实面前，在马列主义的基本原则面前闭上眼睛，被那种颠倒黑白、指鹿为马的高腔所吓唬。"砍头不要紧，只要主义真"。"主义真"是不怕砍头的前提，"主义真"的人才是强者。主义不真，主义被搅乱了的人，必然会失去勇气，只能变成懦夫。

◎ "费厄泼赖"应该实行。

◎ "费厄泼赖"意味着和对手的平等竞赛，意味着一种精神文明，一种道德节制，一种伦理的、政策的和法制上的分寸感，一种民主的态度，一种公正、合理、留有余地、宽宏大量的气概，意味着"三不"主义和"双百"方针。

◎ 革命不能"从容不迫"和"雅致"吗？为了革命而搞象牙雕刻的时候就需要"从容不迫"和"雅致"。

◎ 由于长久的闭关锁国，由于有过落后挨打的不幸记忆，在我们的民族心理中，有盲目自卑、缺乏应有的民族自尊心和自信心的一面，但有时也转向另一个极端：盲目排外，以一种狭隘乃至愚昧的心理状态搞所谓"爱国"

◎ 民主需要选择，需要保持健康的清醒的头脑。越是进行独立的、批判性的思考就愈要懂得尊重科学、尊重实践、尊重前人与别人的成果、尊重历史。不要被一时的浮泛的轻狂之物所迷惑，所吓倒，所淹没。学问要有真货。议论要有根据。炮声隆隆，硝烟散尽之后，要有真正的积累与建树。对历史，对材料，对前人和今人，对迄今的种种实践包括成功的与碰得头破血流的实践，都需要有更郑重更求实也更有尊严的分析与对待。我们不能随波逐流，更不能跟着起哄。

◎ 家贫出孝子，国乱出忠臣！为什么只有在艰难困苦甚至于残酷无望的情况下人们才会显出几分崇敬与善良呢？为什么生活愈好，人民就愈庸俗愈卑鄙呢？

◎ 一个人人起哄人人造势人人不允许旁人分辨也不允许自己辩白的民族，在势过之后，变成了一个人人抱怨人人咒骂也就是人人不负责任的民族、一个互相推卸责任的民族、一个人人等待别人承担起责任改弦更张喂给自己幸福美满的馅饼的民族。这样的民族能够有多少希望？

◎ 中国的一些有志之士其实最耐不住的是寂寞和冷清，中国是世界上最热闹的国家，在什么都缺的那些年代，中国从来不缺少热闹。

◎ "文革"的一大后果是语言的极度扩展、加强、极度灵活与最终失灵，就像一个气球吹得山大，便砰的一声破裂了——连最都要改成最最最最，而打倒与万岁的界线，真与伪的界线，赞成与反对的界线，革命与反动的界线，功勋与罪恶的界线，热爱与痛恨的界线，放屁与讲话的界线，划清界线与划不清界线的界线全都变得稀里糊涂，无可无不可，说有就有，说没就没，一小时前有就是有，十分钟后没了就是没了。"文革"是一次全民的语言实验。

◎ 一个过分羡慕作家的国家是可怜的国家，一个过分羡慕作家的人民是没有长大的人民。

◎ 革命确实是千百万人民群众的盛大节日，它把潜在一切才能都发掘出来了，它是斗智斗勇的人类最伟大的游戏。

◎ 历史有时虎头蛇尾，有时候草草收场，有时候昙花一现，突然变脸，冷锅里冒热气。历史常常患流行感冒、疟疾、便秘，蛮不讲理却又是怎么说怎么有理。

◎ 知识分子的革命化正是中国人民革命的一大特点。

◎ 民主自由不仅是一种政治理论也是一种世界观，它似乎是应该以注重相对性与多元性为其哲学的基石的。

◎ 全球化的趋势是无法阻挡的。因为全球化的大趋势就是现代化的大趋势。它有利于生产力的发展与社会的进步。

◎ 在中华民族的统一与凝聚方面，在维护中华民族的尊严和身份方面，在源远流长、一以贯之而又充满机变以摆脱困境方面，汉字功莫大焉。没有统一的汉字只有千差万别的方言，维系一个统一的大国，抵抗列强的殖民化是困难的。

◎ 我们中国应该明确放弃汉字拉丁化的目标。

◎ 从历史上说，因为长期 生活在非常严峻的生活条件下，外有帝国主义的侵凌、侵略、压迫，内有反动政权的压制，很多人都是生活在饥饿上，死亡线上。所以，我们中国的儿童，长期以来缺少一种发展美好的爱心的环境。

◎ 我非常欣赏任继愈教授的一个提法，即中国的历史性的任务是要脱贫，同时还要脱愚。贫而愚，会落后挨打，倒行逆施；富而愚，也许其危险性不低于贫而愚。

◎ 质疑是所有学科前进的动力。人类的历史是一个不断质疑又不断解决和改善自己的知识能力与道德自觉的历史。

◎ 传统常常比新潮更有力量。尊重传统也许比抹杀传统更能为某种有生命力的新潮开道。

◎ 人们可以用暴力革命的手段摧毁旧的社会结构建立新的社会结构，但人们很难或事实上做不到人为地消除一种源远流长的文化传统和按照自己的意志去建立一种全新的文化。在文化上进行"革命"的愿望很可能是迫切的和具备客观历史根据的，然而，用"革命"手段改造文化却常常不能成功或只能获得表面的成功。

责任编辑：敬　之
封面设计：胡欣欣
版式设计：孙姗姗

**图书在版编目（CIP）数据**

王蒙妙语录 / 王蒙　著；温奉桥，刘敬文　编 . —北京：
人民出版社，2019.9
ISBN 978－7－01－021402－3

I.①王…　II.①王…②温…③刘…　III.①王蒙－语录
IV.① K825.6

中国版本图书馆 CIP 数据核字（2019）第 214516 号

## 王蒙妙语录
### WANGMENG MIAOYULU

王蒙　著　温奉桥　刘敬文　编

人民出版社 出版发行
（100706　北京市东城区隆福寺街 99 号）

北京中科印刷有限公司印刷　新华书店经销

2019 年 9 月第 1 版　2019 年 9 月北京第 1 次印刷
开本：850 毫米 ×1168 毫米 1/32　印张：7.875
字数：114 千字

ISBN 978－7－01－021402－3　定价：26.00 元

邮购地址 100706　北京市东城区隆福寺街 99 号
人民东方图书销售中心　电话（010）65250042　65289539